새로운
리더십
새로운
지도자

새로운
리더십
새로운
지도자

초판 1쇄 발행 2016년 1월 9일

지 은 이	임한필
발 행 인	권선복
편　　집	이승혜, 정희철
디 자 인	김소영
전 자 책	신미경
마 케 팅	정희철
발 행 처	행복한 에너지
출판등록	제315-2011-000035호
주　　소	(157-010) 서울특별시 강서구 화곡로 232
전　　화	0505-666-5555
팩　　스	0303-0799-1560
홈페이지	www.happybook.or.kr
이 메 일	ksbdata@daum.net

값 15,000원
ISBN 979-11-86673-37-9　　　(03190)

> 행복한 에너지는 독자 여러분의 아이디어와 원고 투고를 기다립니다. 책으로 만들기를 원하는
> 콘텐츠가 있으신 분은 이메일이나 홈페이지를 통해 간단한 기획서와 기획의도, 연락처 등을
> 보내주십시오. 행복한 에너지의 문은 언제나 활짝 열려 있습니다.

새로운 리더십 새로운 지도자

文武兼全을 향한 여정

들어갈까 말입니다 글이 글이 들어갈 자리입니다
자리입니다 글이글이 들어갈 자리입니다

| 임한필 지음 |

행복한 에너지

서문

　1990년대 초, 추운 겨울날 목검을 들고 전남대학교 운동장에서 새벽 찬바람을 가르면서 24반무예를 매일 수련했습니다. 손이 시려서 가랑이 사이로 양손을 부비기도 했습니다. 가끔 너무 추워서 눈물과 콧물이 나오기도 했습니다. 때로는 제가 태어난 곳에 있는 용진산 밑에서 폐타이어를 끌면서 운동을 했습니다. 용진산은 어느 지점에서는 굉장히 온화하고 푸근한 산이지만 반대 지점에서는 날카롭게 뻗어오른 칼산처럼 보입니다. 또 어느 지점에서는 용진산 석봉은 누워서 하늘을 보는 사람의 얼굴 형상으로도 보입니다. 참 다양한 면을 가지고 있는 산이고 우리의 삶이나 모습도 그렇다고 생각합니다. 항상 다양한 각도에서 과거와 지금의 모습을 보는 것이 필요하다고 생각합니다. 일본 도쿄에서 개최된 제10회 ITF태권도 아라가와구 경기대회에서 저는 다음과 같은 얘기를 했습니다.

　"무예수련에 있어서 가장 중요한 것은 몸의 균형balance을 유지하는 것입니다. 수련을 통해 다양한 기술을 배우고 익히는 과정에서 큰 힘과 제대로 된 기술을 쓰기 위해서는 몸의 균형을 바로잡는 것이 가장 중요하다는 것을 배우게 됩니다. 또한 몸의 균형을 항상 바로잡고자 하는 무예수련을 통해서 자기 잠재의식 속에 균형을 바로잡자는 생각이 자연히 들게 됩니다. 그 균형을 잡아가려는 잠재의식은 자신의 생활습성에 자연스럽게 스며들게 되고 이를 통해 역사와 세상을 보는 시각에 큰 영향을 미치게 됩니다. 진정한 무예인은 인간사회와 세상을 살아가는 데 있어서 사고의 균형을 유지하면서 살자는 의식이 자연스럽게 드러납니다. 무예수련을 통하여, 역사와 사회를 보는 균형이 잡힌 시각과 인생관, 철학을 갖게 되고, 그것을 실현하기 위해서 항상 노력하고 전진해나가는 습성을 키울 수 있는 겁니다. 그러하기에 무예는 몸과 마음의 균형을 갖춘 완전한 인간文武兼全을 만들어가는 중요한 기초인 것입니다."

이렇듯 삶의 균형을 유지하는 것은 무예수련을 통해서도 가능합니다. 나는 이 책을 통해서 지난날의 과거를 되씹어 보고 앞으로 가야할 미래의 길을 떠올려 보고자 했습니다. 어느 분이 그러셨습니다. "자신에게는 냉철하고 상대에게는 관대하라." 30년간 걸어왔던 길을 넘어 다시 새로운 길을 가고자 하는 지금의 시점에서 그리 길지는 않는 삶이지만 45년의 삶을 반추하고 이를 통해서 새로운 길을 모색하고자 했습니다. 공부를 잘하기 위해서 무예를 하고 무예를 잘하기 위해서 공부를 한 저의 길이 하나의 실험에 있지만 결코 무의미한 시도가 아니도록 열심히 개척해나가겠습니다.

많이 부족하지만 저의 얘기가 자그마한 책으로 담길 수 있도록 잘 만들어주신 권선복 행복에너지 대표님과 출판사 식구분들께 감사드립니다. 그리고 감명 깊은 추천사를 해주신 이해동 이사장님을 비롯한 모든 분들께 심심한 감사를 드립니다. 이 책을 돌아가신 아버님과 함께하고 계시는 어머님께 바칩니다. 문무겸전을 향한 여정을 변함없이 가겠습니다. 감사합니다.

2016년 1월

임한필

행동하는 양심으로 살아야 합니다

– 이해동(사단법인 행동하는 양심 이사장)

오늘 임한필 동지의 『새로운 리더십 새로운 지도자』 출판을 진심으로 크게 축하드립니다. 제가 임한필 동지를 알게 된 지는 5년이 조금 더 된 것 같습니다. 김대중 대통령께서 돌아가시고 그 이듬해인 2010년에 김 대통령의 위대한 정신과 뜻을 기억하고 배우고 실천함으로써 그 어른의 올곧은 뜻이 우리들의 삶과 역사 가운데에서 작동하고 이어져갈 수 있도록 하자는 취지로 사단법인 '행동하는 양심'이 출범하였는데 그 초기부터 임 동지를 알게 되었습니다.

지난 5년여 동안 '행동하는 양심'이 행한 모든 사업과 활동에 있어서 임 동지의 역할과 공적은 실로 혁혁했습니다. 청년위원장으로서 모든 행사에 힘든 일, 궂은일은 도맡아 하고 훌륭히 감당해 내는 것을 저는 보아왔습니다. 뜻이 바르고 품성이 방정하고 행동에 성실함과 실천력을 갖춘 참으로 좋은 일꾼임을 저는 거듭 거듭 확인할 수 있었습니다.

지금 우리들은 참으로 어려운 때를 겪고 있습니다. 1987년 6

월 항쟁으로 유신통치를 극복한 이후 가장 심각한 민주주의와 민생과 남북 평화의 위기 국면을 맞고 있습니다. 온 국민이 몸살을 앓고 있습니다. 국가가 왜 존재해야 하는지, 정부가 무엇 때문에 필요한지에 대한 근원적인 물음을 묻지 않을 수 없는 국면에 이르러 있습니다. "안식일이 사람을 위하여 있는 것이지 사람이 안식일을 위하여 있는 것은 아니다."(마가 2:27)라고 하신 예수님의 말씀은 인간사에 있어서 모든 제도나 조직의 존재 의의와 가치를 규정해 준 말씀입니다. 국가와 정부가 존재해야 할 까닭은 국민의 안전과 생명을 지키기 위함입니다.

이 대의를 위해 제가끔 사익私益을 버리고 하나로 힘을 모아야만 합니다. 행동하는 욕심이나 사익이 아닌 '행동하는 양심'으로 살아야 합니다. 故 김대중 대통령께서는 7년 전 우리들에게 모두가 합심하여 '행동하는 양심'으로 살아서 민주주의의 퇴행과 서민 경제의 파탄과 남북 화해와 평화의 붕괴를 막으라고 피맺힌 유언을 남기고 돌아가셨습니다. 우리 모두는 故 김대중 대통령의 간곡한 유언을 결코 저버려서는 안 됩니다.

임한필 동지는 그 어느 누구에게도 못지않게 김대중 대통령의 유언을 충실하게 실천할 수 있는 의지와 정열과 성실성을 갖춘 일꾼입니다. 지난 5년여 동안 가까이서 임 동지의 삶을 지켜본 저로서는 자신 있게 말할 수 있습니다. 새로운 출발을 도모하는 임한필 동지의 발걸음에 하느님의 도우심이 함께하시기를 기원하며 뜻을 같이하는 동지들과 시민들의 뜨거운 성원을 부탁합니다.

여러분 감사합니다. 임 동지, 건투하십시오.

이 시대에 준비된 리더

– 김희상(한국안보문제연구소 이사장)

임한필 사무총장은 한국안보문제연구소에서 운영하는 '킨사 아카데미' 10기 출신으로 성실하고 중후한 인품이 특별히 돋보이는 분입니다. 그는 어려운 여건 속에서도 조선의 군사 무예 24반무예를 중심으로 소중한 한국의 전통 무예를 가르치며 한민족 전통의 가치와 호국의 혼을 찾아내는 데 헌신적 노력을 경주해 왔습니다. 그런 가운데 강한 육체적 단련과 창조적 지혜를 깨우치게 하는 큰 교육을 하고 있는 것입니다. 우리는 이런 분이 나라의 미래를 열고 또 지키는 준비된 리더라고 생각합니다. 임한필 총장의 중후한 인품과 오랫동안 성실하게 이어온 그의 이런 노력에 비추어 그분이야말로 오늘의 혼돈된 정치 질서를 바로잡는 올바른 정치인이 될 것이라고 믿습니다.

국가 정체성을 살리기를 기대합니다

– 강혜숙(前 국회의원)

책 출판과 함께 큰 걸음을 하려는 임한필 사무총장님 축하합니다. 지금 우리에게 필요한 (1) 안전한 대한민국, (2) 서민들의 삶의 질 향상, (3) 평화통일 의지에 대한 확고한 가치관과 실천 의지 그리고 날로 흐려져 가는 국가 정체성을 살리기에 임한필 사무총장의 경험이 크게 쓰이면 좋겠습니다.

세상을 변화시킬 용기와 도전

— 최경환(김대중 대통령 마지막 비서관)

임한필 동지는 전통무예인이자 정치외교학을 전공했습니다. 말 그대로 문무를 겸비했습니다. 또한 김대중의 충실한 제자입니다. (사)행동하는 양심 청년위원장, 김대중 평화캠프 사무처장으로 김대중 정신 계승 사업에 앞장섰습니다. 무엇보다도 임한필 동지는 용기 있는 사람입니다. 용기는 자신을 바꾸고 세상을 바꿉니다. 임한필 동지의 용기와 도전이 바꿀 세상을 우리는 기다리고 있습니다.

만물 속에 담겨진 이치

— 박사규(한국전통무예총연맹 총재)

주자의 설에 의하면 '격물치지格物致知'에 이르기를 만물은 한 그루의 나무와 한 포기의 풀에 이르기까지 각각 '이理'를 갖추고 있다. '理'를 하나하나 궁구窮究해 나가면 어느 땐가는 만물의 겉과 속 그리고 세밀함精과 거침粗을 명확히 알 수 있다고 이야기하고 있습니다. 사물이나 형상 속에 내재하고 있는 이치를 탐구하여 나의 지식을 완전히 이룬다는 뜻이지요. 임한필 총장님을 뵈면 이 말이 생각나게 되는 것은 당신이 걸어온 세상이 비로소 더 큰 세상을 비출 수 있을 것임을 기원하는 이유이기도 합니다.

파워풀한 대한민국의 일꾼

– 설적운(사단법인 세계선무도총연맹 총재)

임한필 선생은 내가 이제까지 만난 수많은 무예인들 중에 가장 뛰어난 기획력과 문무를 겸비한 훌륭한 지도자입니다. 한국전통무예 발전을 위해 지난 20여 년간 수많은 시연과 학술대회를 함께하면서 느낀바 국제적 문화 행사를 원만히 이끌고 다양한 분야의 많은 사람들과 교류하면서 사회운동에 참여하는 굉장히 파워풀한 사람입니다. 그동안 쌓은 원력과 창의력을 바탕으로 훌륭한 정치인으로 거듭나서 광주는 물론 대한민국을 발전시키는 큰 일꾼이 되시길 진심으로 기원드립니다.

정의와 사명감을 갖춘 후보

– 최종표(무예신문 발행인)

저는 우연치 않은 기회에 임한필 님을 만났습니다. 그는 문무를 겸비한 행정가이고 기획 능력이 뛰어난 무예계의 인물입니다. 그리고 24반무예를 빠른 시일에 전통 무예로 발전시켜 국민건강증진을 위해 이바지하고 있습니다. 대한민국 경제는 침체되어 있고 사회는 혼란스럽습니다. 이럴 때일수록 정의로운 인물, 일 잘하는 인재가 국회에 입성해야 합니다. 이 점이 국회의원 후보 임한필에게 국가와 국민에게 봉사할 수 있는 기회를 주어야 하는 이유입니다. 정의감에 가득 차 있는 임한필 후보가 나서서 대한민국의 비상飛上과 국민의 행복을 힘차게 견인해 주기 바랍니다.

올바른 삶에 대해 고민했던 제자

- **박정우**(前 하남중앙초등학교 교장)

임한필 저자는 본량동초등학교에서 1, 2, 3학년과 6학년까지 4년 동안 가르친 깊은 인연이 있는 저의 제자입니다. 항상 상대방의 처지를 잘 알아서 챙겨주고 약자를 배려하는 품성을 지녔으며 언제 어떤 상황에서도 논리적으로 당당하게 표현하는 종합적인 사고를 갖춘 아주 똘똘한 소년이었습니다. 고등학교 재학 시절에는 저의 집을 방문하여 군사 독재에 대한 비판과 지금 이 현실에서 어떻게 살아가야 올바른 삶인가를 질문했을 때 제가 정확한 답변을 못 했던 기억이 떠오릅니다.

한결같이 신뢰를 주는 분

- **장순향**(한양대학교 사회교육원 무용과 교수)

평화3000 운영위원이자 이사로서 서울에 위치한 세종호텔에서 평화3000 생일 날 행사장에 참가하던 중 소년 같은 미소로 내게 명함을 주며 인사를 나누었던 그가 임한필 무예24반 사무총장이었습니다. 병환 중이신 스승님에 대한 헌신과 타인을 배려하는 따뜻한 그 마음이 내게 늘 신뢰를 주었기에 저는 임한필 사무총장을 참 좋아합니다. 임 총장님의 책 출간은 오랜 시간 추위나 뙤약볕, 전국방방곡곡, 전 세계를 종횡무진하며 행동으로 실현했던 경험이 녹아 단숨에 글로써 무예를 하듯 이 소중한 책이 탄생된 것입니다. 진심으로 기쁘고 축하드립니다.

도전과 열정의 정신으로 정치를 꿈꾸다

- **김혜옥**(김소아청소년과병원 원장)

머털도사 임한필! 이름만 들어도 왠지 소박하고 친근감이 듭니다. 사단법인 세계무예포럼을 통해 그를 만났고 다봉무예를 같이하며 호흡을 맞추면서 그의 내면의 세계를 알 수 있었습니다. 기본적인 지적 소양을 갖고 모든 일에 강한 열정과 용기, 통솔력에 매력을 느낍니다. 그는 이미 고등학교 시절부터 정치에 대한 꿈을 갖고 고려대학교 정치외교학과 박사과정을 수료하고 사단법인 24반 무예경당협회에서 사무총장직을 맡으면서 한국 전통무예 발전을 위해 끊임없이 노력하고 있습니다. 그의 도전과 미래를 향한 열정에 박수를 보내며 출판기념회를 진심으로 축하드립니다.

이 시대를 이끄는 준비된 리더

- **기광서**(조선대학교 정치외교학부 교수)

제가 임한필 군을 처음 본 것은 조선대에 임용된 첫해인 2000년 3월경이었습니다. 학과의 대표라고 한 그는 인심 좋은 맏형 인상을 풍겼습니다. 그가 이끈 학과는 개인주의가 물씬 풍기는 요즘과는 달리 항상 활기를 띠었고 단합이 잘 되었으며 학구적인 열의가 있었습니다. 임 군이 주도한 한반도평화연구회라는 학생 연구회는 통일에 대한 학생들의 관심을 크게 높였으며 그 전통은 15년이 지난 지금도 이어지고 있습니다. 저는 그의 활동을 통해 어떤 단체든 리더의 역량이 얼마나 중요한지에 대해 여실히 깨닫게 되었습니다.

대한민국에 진정으로 필요한 인재

- 류태수(前 통영한산대첩축제 집행위원장)

저와 임한필 총장과의 만남은 통영시에서 개최하는 통영한산대첩 축제를 통해서입니다. 임 총장이 이끄는 24반무예팀이 7년 동안 통영한산대첩 축제에 참여하여 축제를 한층 돋보이게 하였습니다. 이때 24반무예를 알리려고 하는 열정과 성실한 인품을 보게 되었습니다. 지금 우리나라는 임 총장 같은 인재를 필요로 하고 있습니다. 성실 그 자체이신 임 총장이 펴내는 책자에 추천사를 쓰게 되어 무한히 기쁘게 생각합니다.

민주주의, 평화, 정의의 정치

- 김홍국(한국협상학회 부회장)

임한필! 부르기만 해도 기분 좋은 이름입니다. 한없이 필요한 남자입니다. 절망과 좌절의 시대를 이겨줄 우리의 희망입니다. 임한필 광산문화경제연구소 대표 겸 경민대 태권도외교과 교수는 참으로 당찬 남자입니다. 민주주의와 평화를 추구하는 사단법인 '행동하는 양심'에서 활동하면서 만난 임한필 대표는 늘 정의감과 진실함이 넘쳤습니다. 그는 국민 위에 군림하려는 못된 정치를 혁파하고 국민을 섬기는 민주주의, 평화, 정의의 정치를 만들어갈 것입니다. 그가 펴낸 책과 펼쳐나갈 활동에 기대가 큽니다. 임한필 대표가 국민과 함께하는 멋진 정치인으로 대한민국의 민주주의와 평화를 일으켜주길 온 국민과 함께 소망합니다!

문무겸전의 선비, 신농

- **김석규**(사단법인 코리아글로브 상임이사)

임 박사의 호는 신농申籠입니다. 申은 두 손으로 금척을 모신 품새고 籠은 바구니 속에 든 동아시아입니다. 申籠이 앞날을 어찌 펼쳐나갈지 자못 궁금합니다. 이 책은 그 금척의 첫마디가 아닐까 합니다. 주희의 제자들이 지어준 뜬금없고 부끄러운 이름 호남湖南을 언젠가는 미련 없이 버리고 황해를 지중해로 삼아 동아시아를 품었던 부여로 다시 살아나야 하지 않겠습니까. 그 역사의 길잡이로 申籠을 써주시기 바랍니다. 눈여겨봐주시고 함께 손도 꼭 잡아주시옵소서.

전통 무예의 정신으로 세상에 도전하다

- **김성하**(사단법인 24반무예경당협회 회장)

새해 아침 너무나 기쁜 소식을 접하고 즐거운 마음으로 응원을 합니다. 우리의 전통 무예를 위해 온몸을 던져 헌신한 임한필 사무총장님의 출판을 진심으로 축하하며 그의 올곧은 정신과 사상이 또 다른 장을 펼치는 서곡이 되길 바랍니다. 무예를 시작하고 25년. 무디어가는 칼끝을 지켜낸 무사 임한필! 그래서 그의 도전이 더 아름답고 당당합니다.

따뜻한 마음을 실천하는 행동가

– **오남교**(삼일회계법인 상무보)

본량이라는 작은 시골에서 초등학교를 같이 다니기 시작하면서 임한필이라는 친구를 알게 된 지도 거의 35년이라는 세월이 지나갔습니다. 그러나 무수히 지나간 많은 시간 속에서 많은 것들이 변해 갔지만 언제나 변함없는 한필이의 모습은 전통을 중시하면서도 그 속에서 새로운 변화를 갈망하고 끊임없이 고민하는 모습입니다. 제가 아는 한필이는 단순히 머릿속에서만의 생각에 그치지 않고 냉철하게 실천하는 행동가입니다. 반면 소외된 사람들과 아픔을 가진 사람을 아우르는 따뜻한 마음을 가진 어쩌면 순진한 소년 같은 마음도 품고 있습니다. 이 책을 통해 그의 삶을 아우르는 진정한 모습을 찾아볼 수 있을 것입니다.

경당과 24반무예가 세상을 변화시킬 것입니다

– **김종원**(사단법인 다음경제연구원 원장)

시골이나 다름없는 광산 본량에서 농부의 아들로 태어나 성장하기까지 저자가 남다른 길을 어릴 때부터 걸어왔음을 저는 곁에서 지켜보았습니다. 특히 배달의 혼을 면면히 이어온 경당과 24반무예를 통해서 세상을 바꾸어 보려는 저자의 원대한 꿈이 담겨져 있습니다. 저자와 함께 이 어렵고 힘든 세상을 정도를 지키면서 당당하게 헤쳐 나가시기 바랍니다.

용기를 북돋아주었던 소중한 친구

- 정명기(前 한국대학생총연합회 제4기 의장)

고등학교 시절, 노란색 큰 양철 도시락을 매일 챙겨와 그저 아무렇지도 않게 건네주던 친구. 제가 미안함이나 부끄러움을 가지지 않도록 마음까지 챙겨준 친구입니다. 그가 어느덧 사회에서 자신의 모습을 찾아가며 주변의 벗들에게 용기 내어 함께 실천하고 살아가자며 손을 내밀었습니다. 이 책은 한 계단 앞서서 따뜻한 손을 내미는 이웃집 아저씨의 다부지고 묵직한 자신감을 담은 이야기입니다.

무슨 일을 맡겨도 믿을 수 있는 일꾼

- 배다지(김대중부산기념사업회 이사장)

임한필 동지의 『새로운 리더십 새로운 지도자』 출판을 충심으로 축하합니다. 김대중 대통령님의 민주주의와 6·15 정신을 기리기 위한 김대중 평화캠프를 성공적으로 치러 내기 위해 동분서주하셨던 그 노고를 생각하면 임 동지의 모든 행보에 박수와 찬사를 보냅니다. 그 바쁜 와중에 자전적 에세이집을 출간하신 그 뚝심에도 깊은 신뢰를 표합니다. 저 배다지는 김대중 부산기념사업회 이사장으로서 임 동지의 자전적 기록의 출판에 붙일 수 있는 미사여구보다는 김대중 평화캠프 행사를 통해서 확인된 임 동지의 그 풍산개처럼 강인한 의지를 칭찬하고 싶습니다. 계획성 있고 실천력 있는 성품이라면 앞으로 임 동지에게는 무슨 일을 맡겨도 믿을 수 있는 일꾼이라는 데 대한 믿음에 더 큰 믿음을 보태주시기 바랍니다.

문무겸전, 출장입상

– **정광영**(사단법인 행동하는 양심 감사)

임한필 동지를 간략하게 소개한다면 문무겸전文武兼全과 출장입상 出將入相이라는 말로 요약됩니다. 그리고 킬리만자로의 표범과 같이 묵묵히 외길을 걷는 양심적인 행동가입니다. 그리고 이 책은 청년지 사 임한필의 과거이자 현재이며 미래입니다.

민족의 정기를 세우는 참리더

– **전민규**(극단 큰들 예술 감독)

임한필 씨는 24반무예 사범으로 처음 만났습니다. 진주성 촉석 루 앞 순의제단 광장에서 마흔 명의 진주시민들에게 새벽마다 무예 를 지도하였지요. 1년여 시간 만나면서 그때 알아보았습니다. '아! 이 친구는 훗날 세상의 리더가 되겠구나.' 그런 생각을 했었는데 역 시 기대를 저버리지 않고 이번에 출마를 결심했군요. 부디 약자 편 에 서서 민족정기를 우뚝 세우는 참리더가 되기를 바랍니다.

말보다는 실천이 앞서는 행동가

- 이옥근(본량농협 전무)

어렸을 때부터 조용하고 어느 누구에게나 편안하게 웃어 주었고 늘 마을 어르신들을 공경하며 나보다 남을 존중하는 겸손함과 말보다는 실천이 앞서며 강한 추진력과 결단력으로 주위 사람들의 칭송을 한 몸에 받았던 후배로 기억이 됩니다. 오늘의 위정자들에 의해 사분오열되는 정치적 소용돌이 속에 때론 무소의 뿔처럼 신념과 직관으로 홀로 가야 할 때가 있듯이 이렇게 출판기념회를 갖게 된 것을 축하하며 후배님 앞길에 서광의 빛이 비춰지기를 기원합니다.

청년 김대중의 정신을 계승한 지도자

- 김광식(한국전통마상무예학교 대표)

그의 이름을 떠올릴 때면 생각나는 것은 옳은 일에 한 번 뜻을 세우면 반드시 필畢하고야 만다는 것입니다. 호남의 아들로 태어나 조국의 민주화에 헌신했으며 민족의 무예를 수련하여 민족의 올바른 간부가 되고자 했고 이제는 청년 김대중의 정신으로 광산의 발전과 호남의 발전을 뛰어넘어 이제 그는 우리나라 대한민국의 발전을 위해 진지한 고민을 하고 있습니다. 그의 이러한 고민이 이 책에 고스란히 담겨있습니다. 이 책 한 권이야말로 우리 시대에 필요한 민족의 지도자로서 살고자 하는 우리 모두의 안내서입니다.

무예한일친선의 선구자

- **박정현**(국제태권도연맹 일본화랑박무관 회장)

朴禎賢(国際跆拳道連盟 日本花郎朴武館 会長)

무예인이면서 경민대학교 교수인 정열가 임한필 사범은 24반무
예협회와 한국전통무예총연맹 사무총장으로서 무예의 도사일 뿐만
아니라 나라와 민족을 사랑하는 정신이 투철한 이 시대의 리더입니
다. 그는 2008년부터 오늘까지 한국과 일본의 무예교류인 한일전
통무예인교류회를 주관하여 온 무예한일친선의 선구자입니다. 이번
출판기념회를 마음속으로 축하드립니다.(武道人であり,慶民大学教授であ
られる情熱家の林漢弼師範は,韓国伝統武芸総連盟,及び24版武芸協会の事務局長と
して武芸の達人であられ,国と民族をこよなく愛する今の時代を生きるリーダーで
す。2008年から今日まで日韓伝統武芸人交流会の中心的な役割を担って来た武道日
韓交流の先駆者です。)

혼탁한 시대의 희망

- **이원욱**(경기도 화성을 국회의원)

김대중 평화캠프 조직위원회 임한필 사무처장은 '청년 김대중'의
길을 걷고 있습니다. 호남의 정신이 곧 김대중 정신이며, 그 안에
희망이 있음을 늘 이야기하고 있습니다. 문무의 합일을 위해 꾸준히
노력해 온 바를 잘 알고 있습니다. 글마다 무인 임한필 처장의 혼이
빚은 정성이 있습니다. 한 줄 한 줄 소중히 읽었습니다. 혼탁한 시
대, 그가 든 협도의 날이 한 줄기 빛이 되기를 바랍니다. 정치 또한
바로 세우는 문무지인 임한필! 희망찬 새해 맞이하십시오.

통일 한국이라는 새 희망을 꿈꾸며

– 우성민(동북아역사재단 연구위원)

이 책은 통일 한국을 준비하는 미래 지도자들이 읽어야 하는 필독서입니다. 저자 임한필 교수는 중학교 때 국술을 건강 삼아 수련을 한 것이 계기가 되어 고등학교 때는 합기도를 연마하였고, 24세에 24반무예 복원 계승자 임동규 선생에게 직접 무예를 배운 후 24년간 이 길에 전무하였습니다. 저자는 실로 명실상부한 문과 무를 겸비한 인재로 겸손하고 온유한 인품까지 지녀 많은 젊은이들에게 훌륭한 롤모델이 되고 있습니다. 극변하는 동북아 정세 속에 우리가 힘과 용기와 지혜와 실력을 모아 슬기롭게 어려움을 극복하고 새 희망의 대한민국을 꿈꾸기 위해 본 도서를 적극 추천하고자 합니다.

남달랐던 눈빛만큼 특별했던 후배

– 강기욱(고봉학술원 원장)

제게 임한필 하면 떠오르는 모습은 고등학교 시절에 너무나도 남달랐던 눈빛입니다. 고등학교 시절 의미 없는 입시 공부에 회의를 품고 만들었던 청소년 문학 단체인 '고인돌'이라는 모임을 이끄는 회장으로서의 모습을 보면서 평범하지 않는 기운을 강하게 느꼈습니다. 성인이 되어 민족무예인 24반 전통무예를 통해 자신을 지켜가는 모습 또한 참으로 그다운 길을 가고 있다는 생각을 했습니다. 우리를 잃어버리지 않고 늘 살아가고 있는 모습은 그 이후의 삶 또한 그럴 것이라는 확신을 갖게 합니다. 자서전 출판을 진심으로 축하합니다.

실천력과 지성을 모두 갖춘 인물

- 김병곤(고려대학교 정치외교학과 교수)

임한필은 실천력과 지성을 모두 갖춘 보기 드문 사람입니다. 실천력만을 갖춘 지도자는 시행착오의 고통을 유권자에게 부가할 위험이 있고 지성만을 갖춘 이는 현실의 의미 있는 변화를 이루지 못합니다. 임한필은 양자가 균형 있게 갖추어진 사람입니다. 소탈한 성품과 고향에 대한 깊은 사랑도 갖추었습니다..

무예의 진수가 담긴 책

- 와모또 이끼요씨

(게이오대학 체육회 가라데부 초대 감독, 전일본가라데도 쇼또우깐 9단)

岩本明義(慶應義塾体育会空手部 初代監督, 全日本空手道松濤館 九段)

이번 임한필 선생님의 저서 출판의 축사를 하게 된 것은 수련자로서 매우 기쁜 일입니다. 24반무예를 오랜 기간 수련하여 땀과 노력이 담겨 있고 역사와 무예의 진수를 세상에 남기시는 것은 매우 훌륭한 일입니다. 그 길을 통하여 세계의 무예를 수련하는 사람들에게 있어서도 문화의 전달과 신뢰와 우정을 갖게 된다는 것이 진정 동경의 극치입니다.(この度林先生のご著書出版に対し祝辞を書かせて頂くことは修練者として嬉しい事です。24班武芸を永い間修行され、汗と努力の結果を記され、歴史と武芸の真髄を世に残されることは素晴らしい事です。その道を通じて世界武芸を志す人たちにとって文化の伝達と信頼、友情をもたらすことは誠に同慶の至りです。)

차례

NEW LEADERSHIP
NEW LEADER

PART
1

꿈을 찾다
: 소년 시절
(1971~1986)

이란성 쌍둥이

나는 음력 1971년 윤달 5월 26일, 낮 12시 30분에 이란성 쌍둥이로 태어났다. 30분 먼저 태어난 쌍둥이 누님이신 임선미는 낮 12시에 태어났다.

이란성 쌍둥이는 한 번에 배란된 2개의 난자가 따로 수정되어 생긴 쌍생아로서, 생김새 및 성격이 서로 다르다. 일반적인 임신의 경우 하나의 난자와 하나의 정자가 만나 수정란이 생기게 되는데, 정자는 한 번의 사정으로 수억 개가 배출되므로 수정란의 수는 난자에 의해 결정된다고 할 수 있다.

난자는 일반적으로 좌우 난소에서 번갈아 가며 한 번에 하나씩 배란되지만, 한쪽 난소로부터 2개의 난자가 배란되거나 양쪽 난소로부터 동시에 하나씩 배란되어 2개의 난자가 배란되는 경우 각각의 난자가 정자와 만나 수정란이 되어 두 명의 태아가 생길 수 있다. 이 경우 별개의 정자와 난자가 수정되어 각각의 유전정보가 다르기 때문에 태아의 생김새와 성격뿐만 아니라 성性이 다를 수도 있다.

그렇다 보니 누님과 나는 과연 남매라 할 수 있을까 싶을 정도로 다른 점이 참 많았다. 성별은 물론 외모, 성격, 생활양식까지 모든 점에서 반대였기 때문에 때로는 충돌을 빚기도 했다.

고향 소개

고향인 전라남도 광산군 본량면 선동 맥동마을 뒤 편에는 용진산이 있었고 앞 편에는 황룡강이 흐르고 있었기에 전형적인 배산임수 지형을 바라보며 자라왔다. 내가 태어났던 마을은 100여 가구가 옹기종기 모여 사는 단출한 농촌 마을이었다.

그러나 일제 강점기 때 동네 이름이 너무 세다고 하여 마을 이름을 맥동 즉 보리가 많이 나는 동네로 바꾸었다. 지금 불리고 있는 광산군이라는 명칭은 1980년대경 광주광역시로 편입되면서 얻게 된 것이다.

꼬리의 약간 윗부분을 칭하는 '용심'은 용이 힘을 쓰는데 중요한 역할을 하는 곳이다. 그러한 용의 모양을 닮은 용진산의 용심 부분이 바로 우리 동네가 자리한 곳이다. 이 마을은 일제강점기 전에는 용 모양을 닮은 용진산의 기운이 우리 동네에서부터 시작된다고 하여 용동이라고도 불리기도 하였다.

부모님

우리 가족에 대해 먼저 소개하자면 다음과 같다. 할아버지의 성함은 임기준이며, 할머니의 성함은 김난요이다. 나의 아버지의 성함은 임이호이고 어머니의 성함은 유효순이다. 우리 부모님께선 어려운 시절, 4남 2녀 6남매를 키우셨다.

1997년 아버지와 어머니

형제관계는 큰형님인 임한원, 둘째 형님인 임한병, 셋째 형님인 임한우 그리고 첫째 누님인 임인숙, 둘째 누님이자 이란성 쌍둥이인 임선미이다. 나는 큰형님과 17년 차이이고 둘째 형님과 14년 차이, 셋째 형님과 10년 차이로 부모님께서 아주 늦게 아버지 나이 42세 때, 어머니 나이 36세 때 쌍둥이인 나와 둘째 누님을 낳으셨다.

그래서 유난히 부모님께서 어린 나를 예뻐하셨던 기억이 난다. 남자아이이기도 한 데다 늦둥이기까지 하니 내가 잘되기만을 바라셨기에, 아무리 가정형편이 어려워도 막내에게만큼은 풍족한 환경을 누릴 수 있도록 다 해주셨다. 애지중지하며 그렇게 키워주셨기에 나는 부모님의 사랑을 독차지했다고 할 수가 있겠다.

1972년 돌 쯤 아버지와 함께

우리 아버지께서는 학교 문턱에도 가보지 못하신 분이다. 배움을 거친 것이 있다면 과거 서당에서 이틀간 배웠던 것이 전부다. 그러나 독학을 하여 한글과 배움을 터득한 분이셨기에 머리가 대단히 비상하다고 말할 수 있다. 주변분들의 말을 들어보니 아버지께서 그 당시에 중학교나 고등학교를 나오셨다면 못해도 국회의원을 하셨을 분이라고들 하신다.

또한 동네 이장을 18년간 하셨는데, 박정희 대통령으로부터 표창을 3번이나 받을 정도로 영예로운 수상을 하셨고 그 외에도 고건 전남도지사 등 많은 분들에게도 표창을 받았을 정도로 타의 모범이 되었던 분이었다. 게다가 일도 잘하셨고 추진력도 좋으셨기 때문에 전두환 대통령 시절에는 보리 증산왕(보리의 생산을 일정한 기준이나 계획보다 가장 많이 늘린 사람)을 우리 동네에서 탄생시킨 공로로 청와대에 가서 표창장을 받아 오시기도 하였다.

1998년 아버지 소개글

그리고 아버지께서는 아주 활달한 성격의 소유자로서 술을 즐기고 사랑하시는 애주가셨다. 시간이 날 때마다 동네 사람들과 술자리를 통해 어울리면서 친목을 다지곤 하셨다. 게다가 타고난 리더십으로 마을의 대소사를 관장하시는 데 탁월한 능력을 보이셨기에 많은 분들께서 아버지를 우러러보며 따르셨다. 이 외에도 본량조합 이사를 하셨으며 본량조합장 서리도 하셨다. 이렇듯 배움은 짧으셨을지라도 능력적인 면에서는 결코 어디에 내놓아도 부족함이 없을 정도로 탁월하셨다.

그 후 주변에서 조합장을 하라고 많은 권유를 받으셨지만 정작 본인이 배움이 적다고 생각하셔서 그 자리를 마다하셨다. 비록 말씀은 잘 하지 않으셨지만 마음속으로는 항상 배움에 대한 한을 간직하고 계셨다. 분명히 능력은 출중하신 데도 불구하고 학력 콤플렉스 때문에 조합장에 오르지 않으셨던 것을 기억하면 지금도 안타까운 기억으로 남아 있다. 결국 아버지께서는 배움에 대한 한을 떨치지 못하신 채, 2014년 12월 86세의 나이로 노환으로 세상을 등지셨다.

어머니께서는 고향이 광주 광산구 동곡동인데, 아무것도 모르는 19세의 어린 나이로 아버지께 시집을 오셨다. 비록 고집이 있고 완고하셔서 다소 엄격하신 면도 있으셨지만, 사람을 웃게 하는 재치와 유머를 갖추고 계셨기에 집안 분위기를 항상 밝게 만들어주시는 분위기 메이커의 역할을 잘 해내셨다. 그래서 어려웠던 그 시절에 대가족으로서 힘겹게 살았던 우리들이었지만 어머니라는 존재가 있었기에 즐거움을 잃지 않고 살았던 것 같다.

아버지께서 동네 일 등으로 분주하여 바깥으로 자주 돌아다니실 때 어머니께서 농사일을 다 하시면서 자식을 억척스럽게 키워내는 뚝심을 발휘하셨다. 그렇게 6남매를 모두 학교에 보내고 시집 장가를 보내셨을 정도이니 그 강인함은 누구에게도 뒤떨어지지 않는다고 할 수가 있다. 그런데 옛날에 농사일을 너무 많이 하시면서 허리를 제대로 펴지 못한 탓인지 10년 전부터는 허리가 조금씩 굽기 시작했다. 이제는 평소에도 아예 허리를 못 펼 정도가 되어 아예 굽은 채로 걸어 다니신다.

1974년 4살 쯤 되는 해에
어머니와 서울어린이대공원에서

　　그렇게 자나 깨나 자식들의 행복을 위해 뒷바라지하며 자신을 희생하셨던 부모님의 헌신이 있었기에 지금의 내가 있음을 한 시도 잊은 적이 없다. 부모님께서 우리 6남매에게 보여주셨던 사랑은 이 세상 어떤 것보다도 가장 위대하고 값진 것이었음을 앞으로도 항상 기억하며 살아갈 것이다.

6남매 이야기

 큰형님의 이름은 임한원이다. 성격은 어머니를 닮아서 고집이
매우 세고 그야말로 완고 그 자체이시기에 자신의 주장을 명확하
게 밝히곤 하신다. 광주농고를 졸업하고 나서 전남대 농대를 들
어갔지만 대학을 나와 봐야 어차피 공무원밖에 할 수 있는 게 없
다고 하시면서 자퇴를 하고자 하셨다. 그 말을 들은 아버지께서
당시에 꽤 비쌌던 대학 등록금을 내주겠다고 하셨지만 큰형님께
서는 끝끝내 대학을 다니지 않으셨다. 이렇듯 심지가 매우 굳으
신 성정을 지니셨다.

1970년대 큰형 졸업식

 이후 큰형님께서는 대학에
다니는 대신 사법고시를 준비
하겠다는 큰 결심을 하셨다. 당
시에는 고시에 합격만 하면 얼
마든지 개천에서 난 용이 될 수
가 있었기에 법조인이라는 직
업은 가난한 서민의 아들이 성
공할 수 있는 매우 효과적인 통
로였던 셈이다. 반드시 성공하
여 부모님과 동생들을 호강시
켜주겠다는 꿈을 지니고 큰형님은 이후부터 고시원에 들어가 꼬

박 하루 10시간씩 공부를 하기 시작했다.

하지만 대학교에 가지 않고 바로 고시 공부를 한다는 것은 사실 아무나 할 수 있는 일이 아니었다. 노무현 前 대통령처럼 고졸 출신으로 사법고시를 합격한다는 것은 누구나 도전할 수 있을 만큼 호락호락한 것이 아니기 때문이다. 사실 큰형님은 단순히 성공만을 위해 사법고시를 선택한 것일 뿐 세상을 변화시켜 보겠다는 웅대한 포부를 지니지는 못하셨다. 그렇다 보니 사시를 공부하는 것은 고역으로 다가올 수밖에 없었고 번번이 낙방을 하는 쓰라림을 맛보셨다.

결국 큰형님은 6년 만에 공부를 접고 새로운 길을 찾아 나서기로 하셨다. 그때가 20대 후반으로 무엇을 할까 고심하셨는데, 평소에 책을 좋아하시던 큰형님은 그 흥미를 살려서 사업을 해보고자 서점을 차리셨고 돌아가실 때까지 그 일을 계속하셨다. 그런데 그 서점은 예상보다 훨씬 잘되어서 큰 매출을 올리기 시작했다. 당시에는 지금보다 출판 시장이 호황을 이루었던 시기인 데다가 타고난 큰형님의 사업 수완이 빛을 발하여 성공을 이루었던 것이다.

그렇게 승승장구하면서 큰형님은 서점을 통해 큰돈을 벌다가 40대 중반이 되셨을 때 고향 집에 한옥을 크게 짓는 일을 시작했다. 고시 공부를 그만두고 시작한 사업이 잘되어 이렇게 큰 집을 짓게 됐으니 무척이나 뿌듯하셨을 것이다. 그런데 집을 짓는 과정에서 중대한 문제가 생겼다. 큰형님의 심장이 안 좋아지셨던 것이다.

병세는 갈수록 악화되어 삼성병원에서 심장이식수술을 받으셨지만 결국 1년 만에 돌아가시고 말았다. 사실 형수님도 이미 5년 전에 암으로 이미 돌아가신 상태였기 때문에 남아 있는 2남매 조카들을 보면서 참으로 안타까운 마음을 금할 수가 없었다.

둘째 형님의 이름은 임한병이다. 어려서부터 음악을 무척 좋아하시는 분이었기 때문에 형님의 방에는 항상 레코드판으로 가득했다. 광주 상고를 나와 바로 공무원 시험에 합격하여 노동부 부산지청에서 근무하셨다. 군대를 갔다가 병으로 죽었다 살아난 특별한 경험을 하시고 제대를 하고 다시 노동부에 근무하였다. 현재 근로복지공단 여수지사장으로 근무하고 있다. 슬하에 두 남매를 두었다.

나의 셋째 형님은 임한우다. 문학을 좋아하여 책 읽기를 좋아하고 특히 술을 좋아하신다. 셋째 형님께서는 인성 고등학교 3학년 재학생일 때 5·18 민주화 운동을 미미하게 경험하셨다고 나에게 말씀해 주기도 하셨다. 본인 말로는 5·18 피해자라고까지

하신다. 셋째 형님께서는 결국 가고 싶은 대학에 가지 못하셨다고 한다.

의대를 가고자 했으나 큰형님의 권유로 당시 취업이 잘 되던 조선대 기계공학과를 가게 되었다. 대학교 2학년 마치고 군대를 갔다 온 후 복학을 하지 않고 한국전력공사에 취업하여 지금까지 근무를 하고 있다. 최근 한국전력공사 영암지사장을 하다가 순천지사로 옮기셨다. 슬하에 두 형제를 두셨다.

임인숙 큰 누님은 나에게 가장 잘해주신 누님이다. 크리스마스 때마다 본인이 직접 짠 옷을 나에게 선물해 주셨다. 큰 누님에 대한 특별한 기억 중 하나는 큰 누님께서 클래식 음악을 굉장히 좋아하셨다는 것이다. 덕분에 누님의 영향으로 클래식 음악에 대해 아는 것이 전무했던 나도 클래식 음악을 자주 듣게 되고 좋아하게 되었다. 큰 누님은 특히 커피도 좋아하셨다. 나에게 있어 가장 따뜻한 사람 중 한 사람이었던 누님은 1988년 1월 18일에 24살의 나이로 연탄가스 중독으로 둘째 누님과 함께 돌아가셨다.

나의 이란성 쌍둥이이자 나보다 30분 먼저 태어난 둘째 누님 임선미는 초등학교 6학년 때까지 나와 함께 학교를 다녔다. 그후 나는 공부를 본격적으로 하기 위해 광주로 전학을 하였고 둘째 누님은 시골에 남아서 부모님과 함께 보내셨다. 누님은 광주에 나가서 공부하는 나를 항상 부러워했다고 한다. 그래서인지 나에겐 항상 미안한 존재다. 1988년에 큰 누님과 함께 연탄가스 중독으로 18세의 꽃다운 나이에 죽음을 맞이하셨다.

유아 시절

어머니 이야기에 의하면 나는 동네 누님들에게 인기가 많았다고 한다. 어려서부터 초등학교를 다니기 전에 큰형님이 주신 천자문을 읽고 암송하는 모습을 보고 고모님과 동네 누님들이 많이 좋아해 주셨다고 한다. 그 당시 본량 어린이집(당시 이름은 탁아소)에 2년간 다녔다. 지금은 내 딸아이인 진솔이가 다니고 있다. 아

빠가 40년 전에 다닌 어린이집을 딸아이가 다니고 있다니 신기한 인연이 아닐 수 없다. 당시 나는 또래 남자 아이들과 다르게 피아노를 배우고 싶어 했으나 남자라고 배우지 못하여 어린 마음에 서운함을 감출 수 없어 했다고 한다.

1975년 6살 쯤이었을까. 어느 추운 겨울에 철도길 앞에서

초등학교 시절

지금은 폐교가 된 본량동 초등학교를 들어가게 되었다. 큰 누님의 얘기로는 내가 1학년에 들어갈 때까지만 해도 내 이름을 거꾸로 써서 무척 창피했다고 한다. 그 후 3학년 초까지는 공부를 그렇게 잘 하는 편은 아니었으나 3학년 중반부터 성적이 두드려져서 그 이후 1, 2등을 놓치지 않았다고 했다. 공부를 잘한 후부터 나는 선생님들께 공부를 무척이나 잘 한다고 귀여움을 많이 받았다고 한다. 4학년 때는 선생님께서 반장, 학생회장 등을 많이 맡겼으나 내가 반장 하나만 하고 다른 직책은 안한다고 거절했다고 한다.

6학년 때 졸업하기 두 달을 남겨 두고 6학년 담임인 박정우 선생님의 강한 권유로 광주 농성초등학교로 전학을 가게 되었다. 박정우 선생님은 초등학교 때 나를 4년간 가르친 분이시다. 시골에서 있으면 공부를 제대로 할 수가 없다고 광주로 유학을 보내신 것이다. 나는 광주 농성초등학교로 와서 두 달간 촌놈이라는 이유로 도시인 광주에서 몇 가지 설움을 당하게 되었다. 이 사건은 내 삶에 영향을 줄 만큼 나에게 큰 충격을 주었다. 만약 내가 광주로 가지 않았다면 이런 삶을 살지 않았을 것이다. 그 사건은 크게 육성회비 사건과 과자 사건으로 칭할 수 있다.

육성회비 사건 : 전학 온 첫날 큰형님과 함께 와서 담임을 만났는데 둘째 날에 아침 조회시간에 나를 불러서 왜 육성회비를 내지 않았냐고 물어 대단히 창피했던 일이 있었다. 형님께 확인해 본 결과 육성회비를 냈다고 해서 그 다음날 내가 선생님께 가서 "형님께서 육성회비 냈다고 하시던데요."라고 말씀드렸더니 본인이 잘못 알았다고 말씀하셨다. 그러나 그 말만 하고 선생님께서는 나에게 사과를 안 하셨다. 결국 공개적으로 창피를 주었지만 공개적인 자리에서 나에게 사과를 안 한 선생님이 미웠던 그러한 사건이었다.

과자 사건 : 촌에서 전학 온 나에게 아침조회 시간에 같은 반 아이가 과자를 주었다. 나는 그래도 도시 놈이 친절하고 맘도 좋게 쓴다고 생각했는데 그 찰나에 선도부가 와서 교실에서 과자를 먹는다고 이름을 적어 갔다. 그때의 아주 황당했던 기억을 잊을 수가 없다.

중학생 시절, 두 번 꿈에 좌절하다

전학 와서 겪은 경험으로 촌놈이 뭔가를 보여주고 반장이 되어야겠다는 생각으로 중학교 들어가기 전에 보는 반편성 배치 고사에 1등을 했다. 1학년 때 담임이 우리 반에서 1등이니 반장을 하라고 해서 무척 좋아했으나 다음날 공부 잘하니 학습 부장하라고 다시 바꿨다. 나는 무척 실망하게 되었다.

내가 반장에서 학습 부장으로 뒤바뀐 이유는 자신의 아이를 반장시키려고 했던 한 학부모가 담임에게 봉투를 주었던 것이었다. 반장과 학습부장이 뒤바뀐 전날에 담임께 그 엄마가 돈을 주는 장면을 복도에서 나는 직접 목격한 것이다. 그 당시에는 그게 무엇인지 잘 모르고 그 장면을 지켜보고만 있었다. 그것이 촌지였다는 것을 나는 나중에 알게 되었다.

나와 바뀌게 된, 반장을 하는 그 친구가 다른 친구의 다리를 부러뜨리는 등 사고를 하도 많이 쳐서 담임이 힘들어 했는데 학년이 다 끝나갈 무렵 좋아하는 친구가 누구인지 인기 조사를 한 결과 내가 가장 많이 나왔다고 담임선생님께서 "너를 그때 반장을 시켜야 했는데……." 하는 말씀을 듣고 더 화가 났던 기억이 난다.

나는 항상 반에서 1등을 도맡아 했는데 그 당시 1등을 하는 아이의 부모님들은 담임선생님을 찾아가 감사의 표시로 밥도 사주고 선물을 사드리기도 하였다. 내가 2학년이었을 때 담임선생님께서 어느 날 큰형님이라도 모시고 오라고 말씀하셨고 나는 그 이야기를 큰형님께 말씀드렸다. 이 이야기를 들은 큰형님은 담임선생님을 모시고 밥도 사드리고 서점에서 고른 책도 드렸다.

내가 중학교 3학년이었을 때 전남과학고등학교가 처음 설립되어 학생을 모집하고 있었다. 그 학교에서는 각 반에서 추천을 받은 단 한명의 학생에게 시험을 볼 수 있는 자격이 주어졌다. 그 당시 과학자가 꿈이었던 나는 추천을 받는 것에 대한 기대를 내심 품고 있었다. 어쩌면 이는 당연한 것인지도 몰랐다. 나는 그때 반에서 1등이었기 때문이었다.

그러나 우리 반에서 5등 정도하는 학생이 추천을 받아서 그 곳에 가 시험을 치를 수 있는 자격을 얻게 되었다. 나중에 알고 보니 그 친구의 아버지가 교사셨다. 여하튼 나는 이번에도 밀려나고 말았던 것이다. 나는 당시 과학고등학교를 들어가지 못하면 과학자가 되지 못하는 것으로 생각하여 정말 많이 실망하고 좌절했었다.

도올 선생을 만나다

당시 큰형님이 서점을 하고 있어서 중학생 시절 동안 문학 전집이나 만화나 할 것 없이 모든 책들을 섭렵했다. 특히나 나는 헤르만 헤세의 작품을 참 좋아했다. 헤르만 헤세와 같은 대문호가 작은 서점에서 일하면서 책을 썼다는 내용을 보면서 큰 인물도 이런 일을 했구나 하는 생각을 했었다. 데미안에 나오는 새가 알을 깨고, 어둠의 세계에서 밝음의 세계로 나온다는 글귀가 지금도 잊히지 않는다. 중학교의 암울한 시절을 이러한 책으로 달랬다.

고등학교 입학시험을 마치고 셋째 형님께서 도올 김용옥 선생의 저서 『김용옥 선생의 철학 강의』라는 책을 권했다. 나는 그 책을 읽은 후로 나오는 도그마, 이율배반 등 철학적 용어에 빠지게 되었다. 그 책은 세상을 보는 눈을 키워준 첫 책이었다. 이후 김용옥 교수님의 『여자란 무엇인가』, 『노자철학 이것이다』, 『동양학 어떻게 할 것인가』 등 거의 대부분의 책을 보았다. 이는 큰형님께서 서점을 한 덕분에 가능했던 일이었다. 책으로 나의 안목이 길러지고 있었다. 그렇게 나의 고등학교 시절이 시작되었다.

세상을 알다
: 금호고 시절
(1987~1990)

　　1987년 민주화의 횃불이 올려졌던 6월 항쟁의 시기에 나는 고등학교 1학년이었다. 중학교 때 형성된 내성적이고 과묵한 성격을 고등학생이 된 나는 바꾸고자 했다. 데일리 카네기의 적극적인 사고방식 등의 책을 보면서 내 자신을 변화시켜 나가기로 했다. 학급회의 시간에도 의도적으로 발표도 하고 문제 제기도 하고 그랬다.

1987년 고등학교 수학여행

그리고 당시 함석헌 선생님의 『뜻(성경)으로 본 한국역사』, 장준하 선생님의 『돌베개』, 리영희 선생님의 『전환시대의 논리』, 『우상과 이성』 등의 책을 보면서 역사와 사회를 보는 눈을 키워갔다. 특히 리영희 선생의 책은 굉장한 충격을 주었으며 아직도 그분의 책은 나에게 있어 특별한 책으로 남아있다. 카스트로, 체게바라 등을 통해 제3세계 국가들의 혁명에 대해서도 관심을 가지게 되었다.

고등학교 1~2학년 때에는 거의 2~3일에 1권 정도의 책을 독파했다. 『남부군』, 『태백산맥』의 책을 통해 빨치산 활동에 대해 알게 되었고 박현채 선생님의 민족경제론에 관한 책도 보았다. 세상이 온통 부조리와 모순에 빠져있다고 생각했다.

두 누님의 죽음

고등학교 1학년 때는 학교 공부도 하면서 다양한 책을 보며 지식을 쌓았다. 이는 큰형님께서 서점을 하셨기 때문에 가능한 일이기도 했다. 별도의 독서 수첩을 만들어서 읽었던 책의 내용 중 중요한 부분을 기록하였다. 공부도 잘하고 나름 진지했던 시절이었다. 그러나 내 삶을 송두리째 바꾸는 일이 1988년 1월 18일 아침에 벌어졌다. 누님 두 분이 한꺼번에 돌아가신 것이다.

당시 큰형님은 서점을 10년 정도 하셨지만 동네에 조금 큰 서점일 뿐 큰 돈벌이를 하지 못하셨다. 그런 가운데 우리가 살고 있는 집을 줄여 가며 서점 확장을 반복했고 결국 집은 큰누님과 내가 살기에는 적절하지 않은 공간이 돼 버렸다. 연탄가스가 새었지만 당시 흔한 일이라 그렇게 주의를 기울이지 못했다.

나는 그 전날 친구들과 무등산 등산을 갔다 와서 피곤하여 집에서 자려고 했지만 큰누님이 연탄가스가 새니 독서실 가서 공부하고 자라고 해서 마지못해 독서실로 갔다. 다음날 아침에 집에 와 보니 누님들이 죽어 있었다. 엄청난 충격에 집에 있는 연탄을 박살냈다.

그 충격으로 한동안 많이 방황했었다. '왜 누나들이 죽어야 했는지….', '내가 누나들과 함께 잤더라면 나는 어떻게 되었을까….', '내가 함께 잤더라면 누나들이 살 수 있었을까….' 등등 마땅한 답을 찾을 수 없었다. 서점을 확장하면서 벌어진 일이고 큰형님께 연탄가스가 샌다고 말씀드렸을 때 "쓸데없는 소리하지 말라."며 관심을 안 보였기에 큰형님을 무척 원망했다. 그 트라우마는 큰형님과 나를 근 20년 이상 멀어지게 만들었다.

누님들께서 돌아가신 후 꿈속에서 자주 나타났다. 꿈을 꾸면서 많이 울었다. 2학년이 되어서는 한동안 공부를 할 수가 없었다.

아버지와 어머니는 큰형님과 큰형수님 밑에서 보내던 나를 누님께서 돌아가신 후 힘들어 하는 나를 보시고 금호고등학교 정문 가까이에 있는 조그만 사글셋방을 얻어서 살게 한 후 직접 시골과 광주를 매일 오고 가셨다.

시골에서 농사를 짓고 저녁에는 광주에 오셔서 밥과 빨래를 해 주시는 어머니께서 너무 고생하셨다. 당시 교통이 무척 안 좋은 때라 왕복 시간이 4시간 이상을 걸리는 거리였다. 몇 달이 지나고 나서 부모님께서 나를 위해 이렇게 고생하시는 데 내가 정신을 차려야겠다 싶어서 공부라도 열심히 해서 성적을 올리겠다고 약속을 드렸다.

금호인의 신조

누님의 죽임 이후 힘들어 했던 나는 반에서 근 10등 이상이 떨어졌었다. 그러나 한 달 뒤 다시 전교에서 10등 안에 들게 되었다. 당시에는 매월 시험을 봤다. 전교에서 성적이 제일 많이 오른 학생에게 주는 상도 받았다. 부모님께서 무척 좋아하셨다. 특히 아버지께서 좋아하셨다. 담임선생님께서도 "이젠 우리 부반장이 뭔가 보여 주는구나. 이젠 됐다."고 하시며 참 좋아하셨다.

선생님도 누님들이 죽은 충격에 헤어나지 못하는 나를 속으로 안타까워했던 것이다. 선생님께서 나를 많이 믿어주셨다. 감사했다. 반을 위해서 나름 헌신적으로 보냈다. 뭔가를 하고 있어야 잊을 수 있을 것만 같았다. 당시 새벽에 일어나면 고등학교 뒤편에 있는 어린이 공원에 조깅을 갔다. 고속도로가 보이는 길을 향해 함성도 지르고 당시 내가 제일 좋아한 문구인 금호인의 신조를 읊조렸다. "우리는 무한한 가능성을 향해 불굴의 신념, 넘치는 자신감, 끈질긴 인내와 노력으로 성취의 길을 간다" 이 문구는 지금도 나를 다독이는 좌우명과 같아 나에게 큰 힘이 되고 있다.

처음으로 세상과 싸우다

고2학년 때 참교육의 바람이 불었다. 민족, 민주, 인간화 교육이라는 교육 현장에서의 목소리는 나를 새로운 무대로 이끌었다. 책으로 봐오던 잘못된 교육, 군부 독재 시대 등 많은 세상의 모순에 대해 고민하였다. 모택동의 대장정 이야기를 다룬 『중국의 붉은 별』이라는 책은 나의 심장을 두근거리게 했다. 혁명이 무엇인지 어떻게 살 것인지에 대해 혼자 많이 고민하는 시간을 가졌다. 체게바라, 카스트로 등의 쿠바혁명, 민중 신학 등 사실 모든 게 혼란스러웠다.

당시 5월 초에 황석영 소설가가 기록한 『죽음을 넘어 시대의 어둠을 넘어』라는 광주 항쟁의 역사를 기록한 책을 우연한 기회에 보았다. 충격적이었다. 전두환 독재 정권에 대한 강한 거부감이 들었다. 혼자 학교 교실에서 공부를 하다가 전두환을 타도하자는 연설하다가 수위 아저씨께 들키기도 했다. 그때 수위 아저씨께서 "너 그러면 경찰이 잡아간다."고 농담 반 진담 반으로 말씀하셨다.

5·18이 다가오자 친구들과 검은 리본을 만들어서 아침에 학생들에게 나눠 주었다. 그러나 교장 선생님께 들켰다. 교장실로 불려갔다. 학교에서는 이미 임한필이 잘린다는 소문이 파다했다. 교장 선생님께서는 나에게 "가족들 중에서 5·18 때 죽거나 다친 사람이 있느냐?"고 물어보셨다. 나는 사실대로 아무도 없다고 말씀드렸다. 그러면 왜 리본을 나누어 주었냐고 물으셨다. 해야 할 일이니까 했다고 대답했다. 교장 선생님은 나의 이름과 반을 적어서 그 종이를 서랍에 넣고는 이번 한번은 봐 준다고 하셨다. 지금은 5·18이 국립기념일이라서 고등학교에서 기념식도 하고 그러지만 당시에는 절대 금기사항이었기 때문에 이러한 일도 일어났었던 것이다. 나는 운 좋게 벌칙을 면했다. 광주에서는 그런 정서가 있었다. 서로 이해하고 생각하는…….

한번은 학교 교내 식당에서 당시 짜장면이 400원인가 했는데

500원으로 올랐던 일이 있었다. 그래서 부당하다고 생각하고 대자보를 써서 학교에 붙여서 항의를 하자고 했다. 친구들과 남아서 대자보를 썼다. 근데 누가 다음날 학교에 붙이냐는 토론이 있었다. 내가 학교에서 제일 가까이 사니 내가 붙이겠다고 했다. 정명기라는 친구가 나와 함께했다.

우리 집에서 자고 새벽에 학교로 갔다. 대자보를 청테이프로 붙이고 있는데 수위 아저씨께 들켰다. 아침 조회 시간에 학생 과장 선생님께 불려갔다. "왜 그랬냐?"고 물으셨다. 학생들이 생활하기 어려운데 학생들 처지를 생각하지 않고 짜장면 값을 100원이나 올린 식당집이 문제가 있다고 생각해서 항의하는 차원에서 붙였다고 나의 소신을 밝혔다. 이번에는 반성문을 써야 했다. 결국 짜장면 값은 원래 그대로 400원에 파는 것으로 정리되었다. 작은 투쟁에서 이기게 된 것이다.

나의 멘토를 만나다

당시 국립광주박물관에서 청소년 문화 강좌를 진행했다. 아마도 그때 박물관 관장님이 다산학의 대가이신 이을호 박사님이셨다. 광주의 4개 고등학교 학생들이 참여하는 강좌로 수료를 하면 수료증도 주고 그랬다. 나는 지금은 고인이 되신 고전문학을 가르치고 계셨던 강현구 선생님께서 운영하신 고적문화유적답사반 클럽에 가입하여 장승, 벅수, 탑, 건축 등 다양한 우리 문화에 대해 공부를 하고 답사를 하는 기회를 가졌다.

그러한 경험이 있었기에 그 청소년문화강좌에 들어가 공부를 하게 된 것이다. 강현구 선생님은 1990년대에 광주 MBC 얼씨구 학당을 진행하면서 찰진 말솜씨로 대단히 많은 인기를 끄셨다. 고등학교 때 수업시간에 그분께서 하신 말씀 중 지금도 잊지 못하고 또 내 삶의 선택에 큰 영향을 끼친 말씀이 있다. 그 말은 "직업을 선택할 때 누구도 하지 않은 일을 하라."는 말씀이셨다.

누구나 다 하려고 하는 일은 자신에게 도움이 되지 않는다고 하셨다. 아마 그 말이 항상 뇌리를 스치면서 내가 20대에 직업을 선택할 때 민족무예 경당사범을 하게 된 계기가 된 것 같다. 그러나 그것이 그렇게 힘든 일인 줄은 나중에 알았다. 그렇지만 이제 와 생각해 보건대 보람과 의미로 생각한다면 나는 참 좋은 일을 선택한 것이다.

박물관 청소년 문화강좌가 끝난 후 4개 학교 학생들이 함께하는 모임을 만들었다. '고인돌 자치회'라는 모임을 만들고 투표를 통해 내가 회장이 되었다. 이 모임은 내가 처음으로 만들고 운영했던 조직이었다. 타 학교와 연관된 모임에 처음으로 참여했었다. 모임에서 친구들과 자주 만났다. 그리고 우리 역사 문화에 더욱 관심을 갖게 되었다. 지금도 친구들과 고등학교 시절에 대해 이야기를 하다보면 '고인돌 자치회'에 대한 추억을 자주 이야기할 정도로 '고인돌 자치회'는 우리에게 뜻 깊은 모임이기도 하다.

그 후 휴학을 한 다음 해에는 '고인돌'이라는 소식지를 내 손으로 직접 쓰고 만들어서 회원들에게 우편으로 배포를 하고 그랬다. 이를 통해서 광주 백제약품 건물에 있었던 다산학연구소에 계시는 강기욱 형님을 만나게 된다. 나에게는 지금으로 얘기하면 당시 멘토셨다. 세상 돌아가는 얘기, 우리 역사 얘기 등 다양한 내용을 주제로 얘기를 나눴고 또 형님이 들려주셨다.

당시 전봉준의 동학혁명에도 많은 관심을 가졌다. 전봉준 생가를 친구들과 답사했다. 그때 전봉준 생가 근처의 슈퍼를 갔었는데 지금도 그 주인의 얘기가 잊히지 않는다. 우리보고 그 생가를 가서 무슨 생각을 하였냐고 물으셨다. 그러시면서 생각보다 무척 작을 텐데 그런 곳에서 세상을 움직인 전봉준과 같은 위대한 사람이 태어나 자랐다면서 우리들에게 주변 환경을 탓하지 말라고 하셨다. 나도 전봉준과 같은 인물이 될 수 있겠구나 하는 생각이 들었다.

·머리글·

고인돌 모임회장 임 한 필

「우리문화, 전통민속놀이에 관하여 진정 원
얼마나 찾고자 했으며, 알고 있는 것일까?」

이런 질문은 오래전부터 수 없이 던져 졌지만. 그에 대한
대답의 수치 스러움을 모르고 있었기 때문에 아니, 알려고자
하지 않았기 때문에 방관 되어 질 수 밖에 없었다.

그러다가 80년대에 들어와서 대학가 에서 부터 찾아온 우
리 것 알기 운동이 시작되면서 새로운 계기를 마련하게 되었
다. 그렇지만 지금 모순된 교육 속에서 노예가 되어야 했던,
그리고 아직까지도 되고있는 청소년에게는 왠지 이러한 것들이
생소하게만 들릴 것이다. 이렇게 만든 일부 사리사욕이
앞선 정치인들, 교육계에서는 반성할 필요가 있다. 그러
나 잘못을 남에게만 탓 할수 없을 것이다. 진리와 창조
의 도전을 끝까지 펴지 못했던 자신에게도 채찍이 필요
하다. 현실이 우리에게 보여준 부끄러움을 인식하고, 새로
운 도약의 길로 지금 청소년은 나래를 펴야 할 것이다.
이 '고인돌' 책자는 그러한 친구들을 위해 단순한 구호
의 외침이 아닌 실천해 나가는 하나의 디딤돌이 되고
자 한다. '우리것을 찾자'는 그런 부끄러운 구호가
사라지는 참된 교육, 진실된 시대가 올것을 굳게
믿으며····   1989.5.

·머리글·

「참교육의 주체는 누구인가」

고인돌 모임회장 임 한 필

과연 지금까지 우리교육의 주체는
누가 되어 왔을까. 이에 대한 답변이 자명하게 **교
사**임에도 불구하고, 관료적이고 수직적인 명령 계통으
로 된 독재정권의 하수인, 문교부였으며 교사는 이러한 체
재의 일부 밖엔 되지 못했다. 우리교육은 국가 권력
의 지배하에서 철저히 독점되어 짓밟혀져 왔다.
그런 가운데 진리아닌 것이 진리로서 왜곡되어 왔
고 또 그 왜곡된 것들이 학생들에게 일방적으로 주
입시켜져 왔다.
그러나. 1985년 <민중교육>지 사건으로 그동
안 금기로 여겨져 왔던 제도 교육에 대한 비판을
제기 하였고 현재 **교원노조결성**은 교사들의 참
교육에 대한 실천의 의지이고 갈망이며 하나의
과정이다.
교사와 학생은 참교육을 해야할 의무와 받
아야할 권리가 있다. 이러한 것들이 지켜지지 않
을 때 우린 행동해야 하며 그것은 반드시 **진리
에 의한 투쟁**으로서 이루어 져야 할 것이다.

·머리글·

창조적인 반항

고인돌 모임회장 임 한 필

뭔가를 알고자 - 진실된 교육을 받고자, 올바른 자아를 인식
하고자, 옳은 역사와 문화를 배우고자 - 하지만 지금
이 사회체제 속에선 어느무엇 하나 우리를 만족 시켜
줄수없다. 우리의 주체문화는 일제시대 때 부터 종속
문화로 바뀌어 갔고 미제국주의 출현은 더욱 이를 악화시
켜 나갔다. 권위주의와 사리사욕에 빠져 있는 정치,
신식민주의 국가 독점자본주의 체제로 이루어진 경제,
외세물결을 아무런 비판없이 수용되어지고 있는 문화등
이러한 모든 것들이 우리를 일어서게 하고 외치게 한다.
우린 거짓된 모든 것들에 대해서 반항하여야 한다.
주체적이고 비판적인 자아를 발견하기 위해선 자기로
부터의 혁명이 필요하며 곧 그것은 창조적인 반항을 의
미한다. 우리는 진리를 꿇어앉고 온몸으로 도전하고
투쟁해서 반드시 주체성 있는 진실된 뭔가를 알도
록 해야 한다.   1989.7.

고등학교를 휴학하다

2학년을 마치고 나는 휴학을 결심했다. 사회적 격변기에 내가 고등학교를 졸업하고 대학을 가는 것보다는 시간이 갈수록 더 많이 궁금해지는 것들에 대해 그리고 어떻게 실천해야 하는 것인가에 대한 고민을 해결하기 위해서 휴학을 하고 세상을 더 알고 공부를 하기로 마음을 먹었다. 허나 그 당시 고등학교 휴학은 그냥 하겠다고 하면 되는 것이 아니었다. 명확한 이유가 있어야 했다. 그래서 아버지께 누님들 생각으로 공부를 제대로 하지 못하니 마음을 다잡고 공부할 수 있도록 휴학을 하겠다고 말씀을 드렸다.

누님들 때문이라고 하니 아버지는 선뜻 허락을 해주셨다. 누님들 때문에 내가 힘들어 했던 시간을 아버지께서는 알고 계셨기 때문에 가능했던 일이었다. 그리고 어디 아픈 곳이 없는지 문중에 아는 분이 신경외과를 하시는데 거기에 가서 진단서를 받아오기로 하였다. 아버지와 함께 그 병원에 갔다. 원장님은 누님들의 얘기를 물어 보셨고 나는 그 물음에 대답했다. 그렇게 원장님은 약 처방과 함께 진단서를 끊어주셨다.

나는 속으로 거짓으로 진단서를 받은 날 용서할 수가 없었다. 내가 휴학하고자 하는 이유가 부끄러운 일도 아닌데 거짓말을 해서 이렇게까지 해야 하나 하는 생각이 들었다. 다음날 나 혼자 병원에 다시 갔다. 그리고 내가 왜 휴학을 하고자 하는지를 설명했다. 그러고 나니 가슴이 후련했다. 당시 나는 명분이 있는 일을 하고 있다는 자부심이 컸던 것 같다.

휴학을 하고 이사를 했다. 전두환이 별장으로 사용하면서 금으로 수도꼭지를 만드는 등 호사스럽게 만들어진 전라남도 도지사 관사 앞 2층집에서 살았다. 그곳은 집을 에워싼 주변의 풍경이 인상적인 곳이었다. 해가 뜨거나 질 무렵에 하늘을 붉게 물들이는 노을이 참 아름다웠다. 봄이 되면 어김없이 화사하게 피어나는 벚꽃도 아름다웠다. 나는 휴학 생활을 규칙적으로 보내기 위해서 먼저 인근의 도장에 새벽반을 끊어서 합기도를 배웠다.

중학교 때 동네 깡패 형들에게 돈을 뺏긴 기억 때문에 다시 만나면 가만 안 둔다는 생각에 국술이나 무예를 잠깐 배웠다. 나는 원래 선천적으로 몸이 튼튼하게 자랐다. 지금은 키가 작은 편이지만 초등학교 때까지 만해도 등치가 있는 몸이었다. 중학교 1학년 때의 키가 지금의 키다. 합기도 운동을 열심히 해서 검은 띠를 땄고 무등 경기장에서 시범도 보였다. 당시 합기도 사범님이 참 재미있게 잘 지도해 주셨으며 내가 많이 따랐다. 그렇지만 이후 20대 초반부터 내가 경당사범이 되고 24반무예를 지도하는 것을 업으로 삼고 무예사범이 될 것이라고는 추호도 생각하지 못했다.

사회단체에 가입하다

부모님께 학원 다니면서 공부한다는 명분으로 받은 용돈으로 정치 사회 단체에 가입하여 선배들과 공부하였다. 당시 광주전남 민주주의청년연합(민청)에서 개설된 '청년 학교'에 들어가서 김낙중 선생님의 통일론, 김광식 선생님의 북한에 대한 이야기, 박현채 선생님의 민족경제론 등 다양한 주제로 강의도 듣고 형님, 누님들을 따라다니며 야유회도 가고 그랬다.

당시 선배들이 날 귀엽게 생각했다. 고등학생 신분으로 휴학을 하고 이런 단체에 가입해서 활동하는 것을 특이하게 생각하셨던 것 같다. 선배들에게 운동권 노래도 배웠다. 선배들은 막걸리 등 술이 들어가면 자신들이 가슴 속에 품고 있던 한恨에 대한 얘기도 술술 풀어 놓았다. 이곳에서 많은 사람들과 어울리면서 그리고 이야기를 나누면서 많은 이들이 5·18에 대한 어떤 기억과 경험을 가지고 있다는 것을 어렴풋이 알게 되었다.

망월동에 갔다. 5·18의 현장의 목소리를 거기에 가면 듣는 듯했다. 들불야학을 통해 온몸을 불사르며 살았던 윤상원 열사, 전남대 총학생회장을 하면 5·18을 주도하다가 수배를 받은 후에 잡혀 감옥에 들어가서 단식 투쟁으로 맞서다 돌아가신 박관현 열사 등 그리고 무명의 열사들…. 망월동은 교과서였다. 어떻게 살아야 하는지 역사를 어떻게 바라봐야 하는지 또 지금 무엇을 해야 하는지를 가르쳐 주는 교과서 말이다. 마음이 나태해 지거나 뭔가 치밀어오를 때 망월동에 가곤 했다.

하루는 내가 집에 늦게 들어오고 고등학생이 술을 먹고 들어오고 하는 것이 이상했던지 한국전력에 다니시는 셋째 형님이 내 가방 안을 보자고 하셨다. 물론 내가 싫다고 하면 보지 않겠다고 했다. 나는 내가 부끄러울 게 없다고 생각했고 또 올 것이 왔다고 생각했다. 가방 안을 보여드렸다. '청년학교' 교재 등이 들어 있었다. 그날 형님, 부모님께 내가 무엇을 하고 다니는지 말씀드렸다. 크게 꾸중을 하지는 않으셨다. 그러나 다들 나에게 실망하신 모습이 역력했다. 이젠 누님들을 잊고 공부하면서 보낼 것이라고 기대하셨는데 엉뚱한 길로 가는 내가 걱정스러웠기 때문이었을 것이다.

그 당시 나는 부모님의 기대에 부응하지 못했다. 나는 그동안 어렸을 때부터 부모님께 걱정을 끼치지 않고 보냈고 공부도 잘하였기 때문에 부모님의 큰 기대를 받으며 자랐다. 서울대 등 좋은 대학에 들어가서 잘 보낼 것이라고 생각하셨는데 결국 실망을 안겨드려 죄송하다는 생각이 들었다. 그러나 나는 세상에 대한 나의 궁금증을 놓을 수가 없었다. 뭔가 돌아올 수 없는 블랙홀로 빠져 들어가는 느낌을 그저 놔둘 수만은 없었기 때문이었다.

그때 여러 가지 사건들이 일어났다. 문익환 목사님이 북한으로 갔다. 임수경 대학생이 북한으로 갔다. 굉장히 충격적이었다. 문익환 목사님이 김일성 주석과 함께 포옹하는 장면과 자유롭게 이야기 나누는 장면은 나에게 또 다른 금단의 벽을 넘는 느낌이었다. 그리고 대학생의 신분으로 당당하게 자신의 주장을 하는 임수경의 모습은 동경 그 자체였다. 후에 발간된 『어머니, 하나된 조국에 살고 싶어요』 책은 나의 애독서가 되었다. 20년이 지난 2010년경에 나는 1박 2일간 행동하는 양심에서 주최하는 하의도가족캠프에서 임수경 누님을 보았다. 국회의원이 되기 전이다. 한쪽 구석에서 아무 말 없이 보내는 모습을 보면서 지난 시절 가슴 아픈 사건을 겪으면서 가졌을 고통과 깊은 내면을 느꼈다. 이후 통일의 꽃이 국회의원으로 피어났다.

1989년에 나는 격변의 사건을 보면서 또 다른 조국인 북한이란 나라가 궁금해졌다. 사회과학 서적을 탐독했다. 세계 역사, 중국 역사, 일본 역사 그리고 한국 역사와 근현대사 특히 현대사에 관한 책을 탐독하였다. 중학교 때는 명심보감, 사자소학이나 논어, 맹자, 중용, 대학 등 사서삼경을 읽었다.

군자란 무엇인가 군자가 되기 위해 노력하였다면 고등학교 때는 혁명가가 되기 위해 지식을 탐독했다. 1988년도에는 특히 노태우 정권 하에 일시적으로 금지된 서적이 풀렸다. 서점에 다양한 책이 쏟아졌다. 당시 광주의 남녘서점, 녹두서점 등이 있었는데 그곳에 가서 책을 많이 봤다. 형님이 나름 용돈을 넉넉히 주셔서 책을 많이 사 볼 수 있었고 그만큼 나는 풍요로운 독서 생활을 누릴 수 있었다.

휴학하는 동안 전교조가 결정되었다. 그리고 광주 지역의 많은 학생들이 해직된 교사 분들의 복직을 위한 집회를 열고 진행했다. 금호고에서도 근 60일 동안 집회가 진행되었다. 거기에 함께 참여한 친구들 5명이 집회가 끝나고 2학기가 시작될 쯤에 휴학을 했다. 그 친구들과 함께 어울리며 세상에 대해 이야기하며 다산학연구소에 매일 놀러갔다. 공부도 하고 차도 마시고 토론도 하고 학습도 했다. 학교와는 또 다른 차원의 새로운 공부의 장이 열렸고 나는 그곳에서 배움에 대한 갈증을 해소할 수 있었다.

양담배 자판기 사건

당시 광주는 5·18의 역사적 아픔이 있는 곳인데 양담배 판매가 자판기를 통해서 전국에 가장 많이 팔리는 곳이었다. 부끄러웠다. 하루는 '자판기를 모두 고장 내자'고 광주 시민에게 알리는 선언문을 종이 한 장에 적어서 경고(?)를 주자는 의견을 친구들과 주고받았다. 그리고 날짜를 잡았다. 새벽에 광주에 있는 양담배 자판기를 대상으로 동전을 넣는 곳을 고장을 내고 사전에 쓴 선언문 한 장 씩을 놓기로 했다.

두 팀으로 나눠서 나와 홍율문, 정명기와 박정우, 김현성이 각
한 팀을 이뤄서 새벽에 돌기로 했다. 나는 새벽 4시까지 잠을 안
자기 위해 형님 서점에서 만화책을 가져다 봤다. 근데 새벽 3시
쯤에 나도 모르게 잠이 들었다. 새벽5시가 되어 나는 잠에서 깨
어났다. 약속 시간 1시간을 넘긴 후였다. 너무 창피했다. 쥐구멍
에라도 숨고 싶었다. 부랴부랴 홍율문 집에 갔다.

집에는 율문이가 없었다. 시간이 좀 지나서 왔다. 내가 늦어서
다른 친구들한테 가서 일을 취소하자고 했다고 한다. 내가 먼저
제안을 했는데 나로 인해 그 투쟁(?)이 망쳐졌다. 친구들에게 너
무 미안했다. 나중에 얘기가 나왔지만 만일에 그 투쟁 사업을 그
대로 진행을 했다면 우리는 경찰에 붙잡혀 조사를 받고 구속이
되었는지도 모를 일이다. 여하튼 실패를 한 것이다. 지금은 부끄
러운 기억으로 남았다.

복학을 하다

1990년에 복학을 했다. 고3 때 복학한 나는 본격적인 활동을
시작하였다. 복학과 함께 반장선거가 있었다. 직선제로 반장에

선출되었다. 사실 내가 복학한 이유는 따로 있었다. 다른 아이들처럼 대학을 가기 위해서가 아니었다. 지난 1년 동안 휴학을 하면서 경험한 세상과 공부한 것을 바탕으로 고등학교에서 학생운동을 하고자하기 위함이었다.

먼저 리더십을 발휘할 수 있는 반장에 직선제로 선출되어서 조금이나마 활동할 수 있는 명분이 주어졌다. 당시 민주화 열풍으로 전에는 담임선생님께서 공부 잘하는 학생을 지명하여 반에서 할 일을 주셨는데 1987년 이후에는 작은 부분까지도 직선제로 바뀌었다. 복학을 한 이후로 세 가지 일을 중점적으로 했다. 첫번째는 광주 전남을 중심으로 해서 고등학생 연대 조직을 만들고자 했다. 그래서 전남, 순천 등 몇몇 고등학교 학생회장을 소개받아서 만났다.

그때 인상적이었던 친구가 순천에 있는 매산고등학교에서 학생회장을 맡고 있던 학생이었다. 오래되어서 이름을 기억하지 못하지만 함께 온 후배들도 무척 존경한다고 했고 내가 봐도 듬직한 친구였다. 금호고등학교에서 이런 움직임과는 별도로 광주 대동고등학교와 서석고등학교를 중심으로 해서 광주지역고등학생협의회(광고협)가 만들어졌고 강 위원과 김일수(이후 개명하여 김대현), 그리고 소설가 황석영의 아들이었던 황호준 등 다양한 친구들이 주축이 되어서 활동을 하였다.

나도 그 모임에 가끔 참가를 했지만 그 당시 금호고는 활동이 좀 독자적이었다. 아마도 금호고 출신인 조선대 이철규 선배의 죽음으로 인해 금호고가 알려지면서 자신만의 색깔을 가지고 움직이고자 했는지 모르겠다. 이철규 선배는 일명 '이철규 변사사건'이라고 불리게 된 이 사건으로 세간의 알려졌다. 이 사건은 1989년 5월 10일 조선대 교지 〈민주조선〉 창간호의 북한동조 논문 게재 사건과 관련하여 국가보안법 위반혐의로 광주·전남지역 공안합동수사부의 지명수배를 받아오던 교지 편집위원장 조선대 전자공학과 이철규 선배가 광주시 북구 청옥동 제4수원지 상류에서 변사체로 발견된 사건이었다.

이러한 사건들이 주로 1989년 휴학했을 때 이루어졌던 것이라 나는 핵심적으로 참가하거나 개입하지 않았다. 나도 나만의 방식으로 나를 단련시켜 나갔던 시기였다. 여하튼 1990년 복학의 시점에서 나는 내 방식대로 세상을 바꿔나가고 싶었다.

장산곶매와 우정사랑방

두 번째로 했던 일은 장산곶매라는 독서토론회를 만들어서 활동했던 것이다. 당시 금호고, 중앙여고, 중앙여중의 후배들이 참여했고 함께 복학을 했던 정명기와 함께 일을 해 나갔다. 우리는

1991년 금호고 졸업식에서 장산곶매 후배들과 함께

매주 모여서 책을 읽고 토론을 했다. 철학 에세이 등 당시 현상과
본질 등 다양한 개념을 중심으로 세상을 볼 수 있도록 해주는 책
을 선정해서 새로운 시각으로 사회를 바라볼 수 있는 기회를 제
공하며 또한 토론을 통해서 자신의 시각을 변화시켜 나가는 일을
했다.

세 번째로 우정독서사랑방이라는 책방을 만들어서 활동을 했
었다. 책은 당시 전교조 해직 교사 분들이 사용하는 곳에 내가 보
았던 책 200~300권과 친구들이 가져 온 책을 놔두고 그 책의 리
스트를 만들어서 돌린 후 점심시간에 금호고, 중앙여고 등 후배
들이 책을 찾으면 가져다주는 방식으로 운영을 했다. 당시 학교

도서관에는 소위 이념적인 책은 없었기 때문에 우정독서사랑방에 있는 책들이 학생들의 많은 관심을 모으며 어느 정도 인기를 끌었다.

우정독서사랑방의 이름에 우정을 넣은 것은 내가 고등학교 1학년 여름방학 때 박정우, 노영준, 김상석, 배훈, 김현성, 정명기, 이용화 등 친구들과 함께 그전까지 한 번도 타지 못한 지리산을 3박 4일간 타러 갔었던 그때 지리산 천왕봉에서 '우정'이라는 이름을 만들어 동그란 쇠로된 고리에 새겨서 서로 간직했었다. 그때의 특별한 기억으로 우정이란 이름을 지어 넣었다. 등산 이후 우정 산악회란 이름으로 모임을 가졌고 지금은 우정 공감이란 이름으로 모임을 지속하고 있다. 나에겐 그때 함께 했던 친구들이 둘도 없는 친구들이자 그들과 함께 했던 모임은 아주 뜻 깊은 모임이다.

가출을 결심하다

반장으로 활동을 한 지 한 달이 조금 넘어서 몇 가지 중요한 일들이 벌어졌다. 하나는 봄 소풍을 가는데 학생 과장 선생님께서 1학년부터 3학년까지 전체 반의 반장, 부반장을 도서관에 소집을 해서 각 담임선생님들께 선물을 드려야 한다했다. 우선 우리에게 선생님께 선물을 드리기 위해 얼마를 걷어야 하는지 논의를 하라고 했다. 당시는 그것이 관례였다. 나는 문제를 제기했다. "선물은 마음에서 우러나와서 해야 하는데 왜 강제적으로 돈을 걷냐."고 항의했다. 그리고 "우리 반은 돈을 걷지 않고 자율에 맡기겠다."고 했다. 그리고 회의에서 논의한 결과 자율에 맡기는 것으로 하자는 결론이 났다.

학생과장 선생님이 굉장히 불쾌해 했고 나중에 담임선생님께 얘기를 하셨던 것 같다. 임한필이 누구냐고. 그 와중에 나는 당시 고등학교에서 학습지를 선정해서 학생들이 다 볼 수 있게 했는데 그 학습지 선정 과정에서 학교와 선생님께서 일부 로열티를 받는다는 얘기가 돌았다. 그 문제를 학생들과 자율학습시간에 논의하는 과정에서 담임선생님께서 교실로 들어오셨다. 그리고 나에게 볼펜과 수첩을 던지면서 "우리 반장은 참 잘났어."라고 하셨다.

교실 전체가 썰렁해졌다. 나는 당황스러웠지만 조용히 흩어진 볼펜과 수첩을 주어서 선생님 책상에 놔두고 내 자리로 들어갔다. 그리고 다짐을 했다. 학교와 집을 나가겠다고. 더 이상 내가 학교를 다니면서 활동을 하는 것은 무의미하며 체게바라처럼 혁명을 해야 한다고 생각했다. 제도권에 들어와서 활동하는 것은 한계가 있다는 생각을 가졌다. 그리고 나는 1주일 뒤에 처음으로 가출을 했다.

가출하기 1주일간은 안 하던 공부도 열심히 했다. 내가 학교를 다니는 것은 이번 1주일이 마지막이라는 생각을 했다. 나는 복학을 한 후 학교를 다니면서 생각했다. 내가 학교에 들어와서 변화를 위해 제도권 내에서 열심히 노력했지만 제도권 내에서의 변화란 어려운 일이라 판단한 것이다. 대학을 가기 위해 하는 학교 공부와 세상을 바꾸기 위해 하는 활동을 함께 병행하기란 힘들다고 말이다. 그래서 공부를 포기하고 학교를 나가기로 결심했다. 그래도 고등학교 2년 동안 나름대로 공부를 잘해서 내가 당시 가고 싶었던 고려대 철학과는 갈 수 있는 성적이었다.

중학교 때부터 서울에 살고 계시는 둘째 형님 댁에 누님이랑 놀러갔는데 그럴 때마다 서울대, 고려대, 연세대를 갔었다. 다음에 내가 다닐 모교로 어디를 정할지 사전 답사를 한 것이다. 갈 때마다 고려대가 참 맘에 들었다. 학교 건물, 호랑이 상징탑, 그리고 4·19 혁명에 선봉에 선 이력 등등 그래서 고려대에 와야겠다고 생각했다. 또 다른 이유로 중학교 3학년 때 감동적으로 본 『김용옥 선생의 철학 강의』 저자였던 도올 김용옥 교수가 고려대 철학과 교수였다는 것이다. 그래서 고등학교 1학년 때부터 고려대 철학과를 가야겠다고 생각했다.

나는 당시 학력고사에 중요한 과목인 국어, 영어, 수학 3과목 성적이 좋았다. 특히 영어 성적은 아주 좋았다. 시험을 볼 때 근

50분간이 주어져도 20분 안에 문제를 다 풀었다. 대부분이 아는 문제였다. 중학교 때부터 어학은 영어, 중국어, 일본어, 불어, 스페인어, 러시아어 등 유엔의 7개 대표 언어는 다 할 줄 알아야 한다고 생각했다. 목표도 20대 까지는 다 구사하도록 공부하는 것이었다. 물론 그 계획은 고2 때부터 삶의 방향이 바뀌면서 다 수포로 돌아갔다. 특히 고3 때 공부를 완전히 놓으니 나중에 27살에 수능 시험을 공부할 때 애를 먹기도 하였다. 왜냐하면 공부했던 것이 도통 기억이 나질 않아서였기 때문이다.

'행복은 성적순이 아니잖아요'를 실천하다

여하튼 나는 세상을 바꾸는 활동을 목표로 정하면서 공부를 포기했다. 그래서 당시에는 매달 시험을 봤는데 공부에 대한 미련을 버리기 위해서 답안지를 틀리게 작성했다. 1등을 많이 했으니 『행복은 성적순이 아니잖아요』라는 당시 책이나 영화로 나왔던 카피처럼 경험하기 위해서 꼴찌를 목표로 두고 답안지를 오답으로만 작성했다. 다행히(?) 꼴찌는 못했다. 하지만 꼴찌는 하지 못하였어도 뒤에서 두세 번째는 몇 번했던 것으로 기억한다.

그때 들었던 생각이 1등보다 꼴찌 되는 것이 더 어렵다는 생각을 했다. 담임선생님이랑 나를 아는 선생님들께서 의아하게 생각했다. 갑자기 성적이 지나치게 떨어지니 당혹스러울 수밖에 없으셨을 것이다. 그래서 한번은 담임선생님이 영어선생님이셨는데 수업시간에 나에게 물어보셨다. 그렇게 어려운 질문이 아니었다. 나는 대놓고 모른다고 얘기했다. 모르면 맞아야 했다. 선생님께서 나에게 반항을 하는 거냐고 화를 내셨다. 본인이 생각하시기에도 1~2학년 때 공부 잘하는 학생들을 학교에서 따로 모아놓고 심화반을 운영했는데 그때 나를 지도하신 경험이 있어서 이 정도도 모를 리가 없다고 생각하신 것 같았다. 여하튼 나는 큰형님 말씀대로 당시 똘아이고 꼴통이었다.

가출을 하다

아버지께 가출한 날 아침에 용돈을 달라고 해서 5천 원을 받고 집을 나섰다. 가출을 위해 일주일 동안 준비를 했다. 처음이자 마지막인 가출을 그날 하게 된 것이다. 5천 원을 가지고 가출을 한 것이다. 그때에는 집하고 인연을 끊고 밖으로 나가 혁명가가 되겠노라는 꿈을 꾸었다. 장성으로 해서 모악산으로 갔다. 첫날은 모악산 아래에 천도교 무슨 센터에서 잠을 청했다. 이름은 이진혁이라는 가명을 썼다. '이땅에 진정한 혁명을 위하여'라는 말에 앞 글자를 딴 이름이었다. 밥을 얻어먹고 다음날 새벽에 기도를 하라고 해서 하는 척하다가 그냥 자버렸다. 아침밥은 먹고 가려고 하는데 대순전경이라는 책을 줬다.

둘째 날에는 덕유산으로 갔다. 입장료를 안 내려고 바깥으로 돌아서 계곡으로 가다가 물에 빠져 신발이 젖었다. 나의 한계를 테스트하기 위해서 덕유산 정상에 올라갔다. 점심도 못 먹은 데다 오랜 시간 걸은 탓에 힘이 들었으나 미련하게 계속 정상을 향해 걷고 또 걸었다. 정상에서 배가 고파 초코파이를 사 먹으려고 했는데 가격이 1천 원이었다. 아무리 배가 고파도 너무 비싸다는 생각이 들었다. 결국 초코파이를 사 먹지 않고 그냥 지도를 보고 아래로 내려갔다. 호주머니에는 5천 원 밖에 남지 않았다. 이를 차비로 쓰기 위해서는 얼마 남지 않은 돈을 아껴야 했다.

내려가다가 너무 배가 고픈 나머지 자루로 된 쓰레기통이 있어서 뒤졌다. 먹을 것이 없었다. 다행이었다. 만약 먹을 것이 있다면 먹었다가 배탈이 났을지 모를 일이었다. 배가 고프고 춥고 그래서 쓰러지기 일보직전이었다. 정신을 차려야 했다. 4월이었으나 산 정상 부근은 무척이나 추웠다. 다행히 송계사라는 비구니 절까지 가서 밥을 얻어먹었다. 밥을 먹으니 정신이 들었다.

송계사에서는 공부를 하고 있는 거창고를 다녔던 나와 또래인 한 아이가 있었고 꽤 오랫동안 사법시험을 준비하고 계시는 형님이 한분 있었다. 2시간 동안 그 선배한테서 비구니가 맛있는 것

은 자기들만 먹는 다는 이야기와 정작 본인에게는 비구니들이 별
볼일 없는 반찬만 준다는 시답지 않는 얘기를 들었다.

거창고를 졸업한 친구는 대학입시를 준비하고 있었다. 재수를
하고 있었지만 인상이 참 좋았고 밝은 친구였다. 그 친구와 함께
서로의 꿈에 대해 이야기를 나눴다. 다음날에는 덕유산 산에서
잠을 잤다. 벌목을 하는 분들이 계셨는데 남자 두 분과 할머니 세
분이 먹고 자고 하는 곳이었다. 산 깊숙이 있어서 무서워 혼자 화
장실로 못가고 참았다. 왠지 내가 들어온 이곳이 귀신이 사는 곳
으로 느껴졌다. 무서워 잠을 잘 수가 없었다.

나는 보기와는 다르게 생각보다 굉장히 겁이 많다. 어렸을 때
부터 〈전설의 고향〉이라는 프로를 볼 때도 두 손으로 얼굴을 가
리면서 봤다. 한 번은 함께 자는 한 남자분이 내 이름을 불렀다.
'이진혁 씨!' 근데 그 가명이 익숙지 않아서 대답을 못했다. 그 이
후로 나를 조금 이상하게 보는 듯 했다. 혹시 데모하다가 쫓겨 다
니는 녀석이 아닌가 하는 그런 느낌으로 나를 바라보는 듯했다.
'그래 이곳에서는 오늘 하루 밤만 자자. 다음날 거창을 통해서 해
인사로 갔다. 팔만대장경도 보고…….' 허나 배가 고파서 제대로
관광을 하지 못했다.

88고속도로를 걷다가 큰 트럭을 히치하이킹을 하여 탔다. 아저

씨가 심심하다면서 나를 태워 주셨다. 많은 얘기를 나눴다. 그리고 나는 정읍 IC 쯤에서 내렸다. 바로 가면 광주까지 갈 수 있었는데 그렇게 하지 않았다. 1주일 뒤에 친구들과 광주에서 만나기로 해서 이틀 정도 남았기 때문에 더 돌아다니기로 했다. 내리면서 운전사 아저씨에게 돈이 없는데 천 원만 달라고 했다. 돈 얘기를 듣고 아저씨 표정이 많이 좋지 않았다. 신나게 얘기하면서 올 때와 표정이 많이 달랐다. 정읍의 독서실에서 잠을 청했다.

다음날 정읍에서 광주까지 걷기로 했다. 거리를 걸으면서 가출하기 전 집에서 챙겨온 두 권의 책을 봤다. 하나는 김남주 선생님의 『나의 칼 나의 피』이라는 시집이었고 또 다른 하나는 김용옥 교수의 『노자철학 이것이다』라는 책이었다. 특히 길거리에서는 나 혼자 걸었기 때문에 『나의 칼 나의 피』 시집에 나온 시구를 크게 읊으며 걸었다. '양반이 낫 놓고 기역자도 모른다고 하니 쌍놈이 그 낫으로 양반을 쳤다'는 글귀 등은 참으로 충격적이었다.

길거리를 가다가 할아버지 한 분을 만났다. 오랫동안 걸으면서 6·25전쟁 때 얘기를 여쭤봤다. 지리산 부근에 사셔서 이런저런 경험이 많으신 분이었다. 6·25전쟁 때 인민군보다 국방군이 더 많은 사람을 죽였다고 하셨다. 나중에 헤어지려고 하니 많이 아쉬웠다. 할아버지도 아쉬워했다. 담양으로 해서 광주로 들어갔다. 1주일의 시간이 지나고 밤에 약속한 금호고등학교 안에 있는 죽호동 산에서 친구들을 만났다.

셋째 형님이 학교에 몇 번 와서 친구들을 만났다고 한다. 명기가 셋째 형이 나를 보면 만나자고 했다고 한다. 집을 나가도 좋으니 부모님께는 인사는 꼭 하고 나가라고 당부를 했다는 것이다. 틀린 말은 아니다라고 생각해서 마지막 인사를 드리기 위해 형님을 만났다. 포장마차에서 소주 한잔을 하면서 많은 얘기를 나눴다.

셋째 형님은 당시 형님들 중에도 그래도 대화가 되는 분이셨다. 아마도 나이 차이도 다른 형님들과 그렇게 많이 안 나고 형님도 성격이 술 좋아하고 사람 좋아하는 분이라 본인보다 더 어린 사람들과도 잘 어울리셨다. 밤에 집에 들어갔다. 큰 형님의 얼굴을 자세히 살펴보니 입술이 크게 갈라져 있었다. 고민이 많으셨던가 보다. 큰 형님께서는 둘째 형님과 셋째 형님께서 고등학교를 다닐 때부터 데리고 계셨다.

나도 초등학교 6학년 때 광주로 전학 온 이후 줄곧 큰 형님, 큰 형수님과 함께 보냈다. 동생을 데리고 있으면서 이런 일은 처음이라고 하셨다. 성정은 불같은 분이셨지만 마음은 여리신 분이셨다. 밤새워 부모님, 형님들과 얘기를 나눴고 결론은 그래도 고등학교는 졸업해야 한다는 것이었다. 다음날 아침에 아버지, 형님들과

목욕탕을 갔다. 아버님이 참 많이 여위셨다는 느낌이 들었다.

다시 학교로 돌아오다

큰 형님과 학교에 갔다. 큰 형님의 오토바이를 타고 등교를 하였다. 가끔 내가 지각을 할 때는 큰 형님이 오토바이를 태워 주셨다. 그때는 서점을 작게 시작해서 힘든 시점이라 오토바이를 타고 직접 책도 사오시고 그러셨다. 나중에는 차량 번호가 9999로 된 콩코드로 바뀌었고 그 후엔 그랜저로 바꾸셨지만 그때만 해도 어려웠던 시절이었다.

나는 학교로 다시 돌아갔다. 담임선생님을 뵈었다. 내가 담임선생님을 보고 웃었더니 담임선생님께서는 내가 다시 돌아와서 기분은 좋다고 하셨다. 가출이지만 내 입장에서는 당당했다. 선생님께서 그때 나에게 볼펜과 수첩을 던져서 내가 가출한 것으로 생각하셨다가 가출하기 전 일주일간 학교에서 공부도 열심히 했던 기억을 떠올리셨고 그래서 본인 때문에 가출한 것은 아니라고 생각하셨다고 하셨다. 맞는 말씀이셨다. 학교에서는 가출한 친구에게는 정학이나 벌칙을 줬지만 나는 문제를 일으켜서 가출을 한 것이 아니었기 때문에 아무런 조치 없이 그냥 지나갔다. 그러나 그 후 일이 하나가 더 터졌다.

교실로 들어가니 후배들이 "형님! 돌아오신 걸 환영합니다."라고 외치면서 박수를 쳐줬다. 머쓱했다. 이심전심 후배들 아니, 나의 동기들과 마음이 조금 통했던 모양이었다. 고마웠다. 그리고 바로 체육대회 예선이 오후에 치러졌다. 나는 담임선생님께 "우리 반이 전체 종합우승을 할테니, 우리 반이 종합우승을 하게 되면 선생님께서 크게 한 턱을 내셔야 합니다."라고 말씀드렸다. 담임선생님께서는 "그러겠다."고 하셨다.

다음날 본선에서 거의 대부분의 종목에서 우승을 차지했다. 종합우승이었다. 우리는 담임선생님을 헹가래 쳐드렸다. 아이들이 담임선생님에 이어 나도 헹가래를 쳐줬다. 기뻤다. 약속대로 담임선생님은 그동안 담임하면서 본인 반이 종합우승을 한 것은 처음이라면서 꽤 큰돈을 주셨다. 우리는 무엇을 할까 고민을 한 끝에 축하파티를 하기로 했다. 금호고 옆에 어린이대공원이 있었는데 체육복을 입고 바로 그곳에 40여 명이 가서 막걸리 파티를 벌였다.

노래를 부르고 아이들끼리 모여서 춤도 추고 보통 난리가 아니었다. 그 모습을 본 주민이 교장선생님께 신고를 했다. 다음날 아침 조회시간에 담임선생님께서 무척 화가 나신 모습으로 교실 문을 여셨다. "반장 나와, 내가 돈을 준 게 너희들 술 처먹으라고 줬냐." 하시면서 어제 나가서 논 놈들 다 나오라고 했다. 반 아이들의 거의 대부분이 그날 나가서 놀았기 때문에 줄 빰을 맞기 시작했다. 맞다가 슬리퍼를 얼굴을 맞은 학생들도 있었다. 학교에 돌아온 지 만 하루도 안 되어 일이 터진 것이다.

반장 직을 걸고 싸우다

담임선생님은 나보고 반장 직에서 물러나라고 하셨다. 가출과 이번 일에 대한 책임을 물으셨다. 나는 학생들이 직접 선출해준 반장 직을 선생님께서 그만두라고 한다고 해서 놓을 수 없다고 했다. 민주주의 원칙에 반한다고 말씀드렸다. 그리고 반 학생들에게 직접 의사를 물어서 다수가 물러나야 한다고 하면 그때 물러나겠다고 했다. 투표에 들어갔다. 압도적으로 반장 직을 수행해야 한다는 결과가 나왔다.

담임선생님께서는 날 퇴학시키겠다고 부반장을 통해서 전달하셨다. 염정필이라는 친구인데 나를 많이 위해 준 후배다. 정필이는 자기가 반장을 할 테니 형님이 물러나시라고 안 물러나면 진짜 담임선생님이 형님을 자를지도 모른다고 고등학교는 졸업해야 되는 것 아니냐고 하면서 설득을 했다. 또래에 비해 생각이 깊은 후배였다.

나는 일주일간 버텼다. 내가 주장하는 민주주의 원칙을 내가 버릴 수 없었다. 지켜나가야 한다고 생각했다. 부러지더라도 말이다. 퇴학도 각오했다. 정필이는 날마다 나를 설득했다. 정필이가 자기가 반장이 되어서 형님이 하자는 대로 할 테니 퇴학을 면하기 위해서 제발 물러나라고 설득했다. 그 후배의 설득에 1주일 뒤 반장 직을 내놓았다.

학생과장 선생님

여전히 나는 그 이후로도 독서 토론회 장산곶매와 우정독서사랑방을 운영하면서 보냈다. 외부의 고등학교 친구들도 만났다. 5·18 때는 학생들을 데리고 교문을 나섰다. 실질적으로 나선 인원은 그렇게 많지 않았다. 계속 학생과장 선생님이 우리를 따라오셨다. "교문을 나서려면 왜 고등학생들이 나가야 하는지 나를 설득하라."고 하셨다. 순간 학생과장 선생님도 설득 못하고서 어떻게 내가 명분을 갖고 학생들과 나가겠냐는 생각이 들었다. 선생님은 나를 학교 코너로 모셨다. 그러나 나를 때리지는 않으셨다.

금호고, 중앙여중, 중앙여고 학생들 모두 창문을 통해 이런 장면을 보고 있었다. 학교도서관에서 학생과장 선생님과 2시간 이상 토론을 하였다. 물론 설득은 어려웠다. 그러나 내가 우리가 왜 이러는지는 자세히 말씀드릴 수 있었다. 학생과장 선생님께서 나에 대한 조사를 사전에 다하셨다고 했다. 그리고 공부 잘하는 애가 왜 이러고 다니는지 모르겠다고 하셨다.

만약 내가 공부를 못하면서 이런 일을 했다면 많이 맞고 많이 무시당했을지도 모르겠다. '역시 공부는 잘하고 봐야 하나?'라는 생각이 들었다. 여하튼 한참 지나서 친구 하나가 나에게 이런 얘기를 했다. 그때 학생과장 선생님이 널 때릴 줄 알았는데 안 때리는 것을 보면서 네가 그분께는 인정받는다고 생각을 했다고 한다. 학교 다니면서 그분께 안 맞아본 학생이 거의 없을 정도로 무서운 분이셨던 것이다.

이율배반과 모순을 해결하다

이러저런 활동을 하다가 2학기가 다가왔다. 대학입시가 가까워지니 공부를 하는 후배들을 붙들어 잡고 참교육이나 다른 얘기를 하기가 미안했다. 함께 활동했던 친구들도 대학을 가야했다. 나와 한 친구만 남게 되었다. 그 친구에게 먼저 말했다. 부담 갖지 말고 너는 활동을 그만두고 공부를 해서 대학은 꼭 가라고, 나만 남아도 된다고 말했다. 그 친구에게 부담을 주고 싶지 않았다.

1992년 친구들

　나는 이율배반적이고 모순적인 즉 대학을 가는 것이 다가 아니고 학교교육이 바뀌어야 되고 인간화교육이 이루어져야 하니 뭐니 하면서 다녔는데 대학입시 때가 되니 나도 공부해서 대학에 들어갈 준비를 하는 것을 내가 받아들일 수가 없는 것이었다. 그러나 '타인에게는 관대하고 자신에게는 가혹하라'는 그 말을 내 나름의 신조로 삼고 있었기 때문에 나의 그 신념으로 인하여 다른 친구가 억지로 대학을 안 가야 한다는 사실도 받아들이기 어려웠다. 나만 지키자. 그래도 한 놈은 그래야 다른 후배들이 우리 같은 선배들에게 뭐라 못할 것이라 생각했다.

해병대 신체검사 사건

12월이 되자 나도 뭔가를 해야 했다. 남들은 대학을 간다고 하는데 나는 무엇을 할까 하다가 어차피 군대를 가야 하는데 이왕 갈 거 빨리 가자라고 결론을 내렸다. 해병대 일반병으로 지원했다. 신체검사를 받아야 하는데 시력이 문제였다. 나는 지독한 짝눈이었기 때문이었다. 그래서 당시 큰 형님이 서점을 하면서 안경집을 광주 돌고개 사거리에서 함께하셨는데 신체검사 전날 안경집의 숫자가 적힌 판을 뜯어서 집으로 가지고 갔다. 그리고 모두 외웠다. 그때까지만 해도 문제가 없을 것이라고 생각했다.

근데 다음날 신체검사 때 눈을 가렸는데 무엇을 가리키는지 모를 정도로 안 보였다. 에라, 모르겠다. 아무거나 불렀다. 또 옆에서 함께 신체검사를 받는 사람들이 나를 도와준다고 막 불러줬다. 우리는 벌써 해병대 전우가 되어 있었던 것이다. 10번 물어보고 심사위원이 통과를 시켜줬다. 이젠 되었다고 생각했다. 근데 최종 결정을 하는 분이 먼저 검사를 받았던 항문 벌리기를 다시 하라고 했다. 다시 했다. 불합격을 받았다. 나중에 집에 가서 아버지께 여쭤 보니 치질이 있다고 했다. 그날 아버님은 내 항문을 소금물로 씻겨 주셨다.

해병대 신체검사에서 떨어지자마자 다음날 어떻게 알고 동네

동사무소에서 전화가 왔다. 방위가 부족해서 현역에서 차출을 해 간다고 말해 주었다. 방위가 뭐냐고 물어봤다. 당시 친구들 중에 해병대 말고 군대를 가본 친구들이 없어서 군에 대해 잘 몰랐다. 동사무소 직원이 방위로 가면 군복무 기간이 짧고 집에서 공부하면서 출퇴근할 수 있고 자기 시간이 많다고 했다.

'무슨 그런 군대가 있는가'라는 생각이 들었지만 고등학교 졸업 후 당장 할 일이 없었고 다행히 훈련도 고등학교 졸업하고 이틀 뒤 바로 가는 것이라 묻지 않고 바로 간다고 했다. 한 달 훈련을 받고 돌아오니 방위가 길거리에서 많이 보였다. 그리고 방위의 존재가 얼마나 무시 받고 사람 취급 안 받는지를 차츰 알아가면서 후회를 많이 했지만 이미 엎질러진 물이었다.

광주 송정리에 있는 공군 제1전투비행단에서 18개월 동안 무사히 보냈다. 편하게 보냈다. 재미있는 얘기가 몇 가지 있는데 방위는 군대 갔다 왔다는 식으로 이야기를 하면 안 된다는 말을 많이 들어서 여기서는 더 이상 하지 않기로 한다. 나는 가끔 군대 어디 갔다 왔냐고 하면 농담으로 해병 캠프 522기라고 얘기한다. 나란 놈이 방위가 아닌 정상적으로 군대를 갔다면 어떻게 되었을까? 그렇지만 역사에 가정은 의미 없는 것이다.

잠깐의 방황

군대를 제대하고 아니 소집 해제하고 나서 무엇을 할 것인지를 고민했다. 잠시 군에서 만난 친한 선배가 서울에 꼭 와보라고 해서 갔더니 저팬라이프라는 다단계 판매를 하는 일을 하고 있었다. 1주일간 교육을 받았다. 사람의 네트워크를 돈으로 연계해서 한다는 사실이 놀라웠다. 만약 운동권에도 이런 방식을 적용해서 사람, 돈, 조직을 함께 꾸리면 좋지 않을까하는 생각을 일시적으로 가졌다.

그리고 1주일간 광주에 내려와서 몇몇 사람들을 설득하려고 다녔지만 고등학교 동창인 전남대를 다니는 친구가 나를 보고 "한때 존경했던 네가 이런 일을 하고 다닌다니 무척 실망이다."는 말을 하고 가는 모습을 보면서 내가 한없이 작아짐을 느꼈다. 이 일은 좋고 나쁨을 떠나서 내 일이 아니다고 생각했다. 미련 없이 접었다. 그리고 내 인생에서 가장 중요한 사건이 벌어졌다. 경당을 만난 것이다.

경당 사범이
되다
(1992~1997)

경당을 만나다

1992년에 집으로 가끔 버스를 타고 가면 낚시터 같은 집에 뭔가를 가지고 들어가는 대학생들을 보게 되었다. 방위를 받으면서 송정리에서 집으로 가는 버스가 40분에 한 대가 있었다. 평소에는 자전거를 타고 다녔다. 시골에 오는 버스 번호가 113번이다. 간첩 신고도 아니고. 여하튼 궁금했다. '뭐 하는 곳인데 그곳으로 가지?' 우리 집에 가기 몇 정류소 전이었다. 무예를 하는 경당이 어디있냐고 하길래 저기서 내리면 된다고 눈짐작으로 가르쳐 주기도 했다.

8월 말에 김봉현이라는 친구와 함께 갔다. 우리 집에서 걸어서

20분 거리였다. 세 분이 편 상에서 약주를 하면서 얘기를 나누고 계셨다. 한 분은 고등학교 때 전교조 활동을 열심히 하신 해직 교사 출신인 임추섭 선생님이셨다. 중앙여중인가 여고 역사 선생님이셔서 나를 가르치지 않았지만 같은 죽호 학원에서 학생들을 가르치는 선생님이셨고 우정독서사랑방을 운영하면서 전교조 사무실을 들락거리면서 자주 뵈었던 분이었다. 서로 아는 입장이라 먼저 인사를 드렸다.

1993 경상도 고성에 있는 바닷가에서

그리고 한분은 당시 〈사회평론〉이라는 잡지도 발간하시고 북한 관련 책도 내시고 하셨던 정진백 선생님이셨다. 그분은 뵙기 전 이미 책으로 알고 있는 분이었다. 그리고 한 분이 내 인생에 있어서 중요한 자리를 차지하고 계시는 임동규 선생님이었다. 경당은 고구려 때 서민층 자제를 교육시켰던 기관으로 임동규 선생님께서는 이러한 민족 도장인 경당을 창립하시고 24반무예를 복원하여 보급하고 계셨다.

1994년 무예 사진 촬영

1995년 경당 사범들과 함께

경당 사범이 되다

임추섭 선생님께서 나에게 무엇 때문에 이곳에 왔냐고 물어보셨다. 경당이 무엇을 하는 곳인지 궁금해서 왔다고 대답했다. 그러면 바로 이분이 경당을 만드신 분이라고 하면서 큰 절을 하라고 하셨다. 큰 절을 하고 경당을 배우고 싶다고 했다. 바로 그 자리에서 결정을 할 수 있었던 것은 내가 존경하는 두 분이 계셨기 때문에 그러한 결정을 할 수 있었던 것이다. 그리고 막걸리 한잔을 받고 나서 내가 누구인지 소개를 해 드렸다. 임추섭 선생님도 적극 추천하시었고 그래서 자연스럽게 경당을 시작할 수 있었다. 그러나 경당의 시작은 그렇게 순탄하지 못했다. 임동규 선생님의 살아오신 경력이 우리 집에서는 큰 걸림돌이 되었다.

나의 스승 임동규

임동규 선생님은 전남 광산군(지금은 광주광역시 광산구) 탑동 마을에서 자라서 광주서중과 광주일고를 거쳐 서울대학교 상대에 입학하셨다. 소위 말해서 당시 엘리트 코스를 거치신 것이다. 광주일고 재학 때는 유도부 주장도 하셨고 서울대학교 재학 중에는 농민운동의 하나로 향토개척단 활동을 하셨다. 학사 주점의 총무를 맡아서 운영을 하시기도 하고 고려대 노동문제연구소에서도 근무하신 경험이 있으시다.

2007년 임동규 총재

1970년대에 지금의 태권도처럼 유행한 정도술이라는 단체에 사무국장도 맡으셨고 실질적으로 무예를 익히셨다. 정도술은 안씨 가문의 가전 비법으로 알려진 무예로 옛날 암행어사라는 이정길이 나오는 드라마에서 상도라는 암행어사를 멀리서 지켜보다가 위험에 처할 때 짠하고 나와 도와 주었던 사람으로 그 상도 역할을 맡으신 분이 정도술의 대가이신 안일혁의 동생인 안호해 총재이다.

안호해 총재님과 임동규 선생님은 의형제를 맺고 사신 아주 가까운 사이다. 1970년 초반에 안호해 총재님은 무예에 출중하시고 임동규 선생님은 한자를 해독하는 능력을 가지고 계셔서 서로

의기투합하여 당시 무예하는 일부 사람들에게 그 존재가 알려진 『무예도보통지武藝圖譜通志』를 복원하기로 하셨다. 먼저 권법, 곤방 등 가장 기본이 되는 내용부터 하셨다. 그래서 1972년경에 발표 회를 갖는 자리도 있었다. 그러나 당시 박정희 군사정권이 긴급 조치 등을 발령하고 유신의 시대로 만드는 상황에서 임동규 선생 님은 무예 활동에 전념할 수 없었다.

이후 남한사회민주주의전선이라는 소위 남민전을 조직해서 인 민무력부장을 맡아서 사회변혁운동에 적극 참여하셨다. 1979년 에는 남민전이 발각되어서 이재문, 김남주 등과 임동규 선생님이 구속되었고 무형을 받았다. 감옥에서 다시 제2차 통혁당 사건이 라는 조작사건으로 인해 다시 무기형을 받아서 쌍무기수로 복역 을 하게 되었다.

당시에는 본인이 언제 나올지 알 수 없는 상황이었기에 긴 감 옥 생활을 하는 동안 무엇을 할 것인지 그리고 만일에 하나 감옥 에서 나오면 무엇을 할 것인지를 고민하다가 서울대학교 향토개 척단 활동을 함께한 홍갑표 선생님이 감옥에 넣어준 『무예도보통 지』 책을 완전히 복원을 해야겠다는 계획으로 복원 작업을 본격 적으로 시작하셨다.

정조 대왕, 무예도보통지, 24반무예

『무예도보통지』는 조선시대 제22대 군주인 정조대왕의 명에 의해서 당시 실학자인 이덕무, 박제가와 당대 최고의 무인이었던 백동수에서 의해서 편찬된 종합무예서이다. 검, 창, 봉, 권법, 마상 무예 등 총 24가지 무예로 구성된 책으로 24반무예라고 불린다. 당시 정조대왕은 사도세자인 자신의 아버지가 권력 싸움에서 결국 뒤주에 죽게 되는 운명을 보게 되면서 하룻밤도 제대로 쉴 수가 없었다.

세자인 자신에 대한 신하들의 견제로 인하여 언제 죽을지 모르는 상황에서 정조대왕은 밤에도 학문과 무예를 게을리 하지 않고 열심히 연마하게 된다. 그리고 본인이 왕이 되었을 때 약화된 왕권을 강화시키고 백성을 위한 개혁을 하기 위해서 학문적으로는 규장각을 설치해서 출신과 지위를 불문하고 젊은 학자들을 발굴하여 교육

1996년 어제무예도보통지서 내용

하고 군사적으로는 『무예도보통지』를 발간하여 당시 대대적으로 무과 시험을 통해 자신의 친위 부대인 장용영에 귀속된 군사들을 대상으로 무예 훈련을 시킨다.

10년간의 준비를 통해서 본격적으로 개혁 정치를 펼치는데 바로 이러한 과정을 통해 무예가 왕권을 강화하고 개혁 정치를 해나가는데 중요한 동력으로 작동을 하게 된다. 24반무예는 조선시대 군사훈련기관인 훈련원을 통해서 군사를 훈련시키고 무과 시험의 과목으로 활용되다가 일제 강점기에 훈련원이 해체가 되면서 군대도 해산이 됨과 동시에 그 실체가 사라지게 된다. 다만 규장각을 통해서 국가적인 프로젝트로 진행된 『무예도보통지』는 책으로 남게 되었고 이 책의 존재를 알고 계시는 분들의 의해서 소개가 되었지만 본격적으로 소개가 된 것은 1980년대 이후다.

임동규, 민족 도장 경당을 설립하다

1988년 노태우 정권이 들어섰다. 노태우 정권에 들어서면서 일시적으로 정치범이 석방이 되고 금서들이 해금되었다. 이에 따라 임동규 선생님도 1988년에 가석방되었다. 그리고 1989년 7월 1일에 지인의 도움으로 광주 월산동에 도장을 개설하였으며

1992년 5월에 민족 도장 경당을 자신의 고향인 광주 광산구 탑동마을에 설립하였다. 임동규 선생님은 단군의 널리 인간을 이롭게 하고 세상을 이롭게 한다는 홍익인간과 단군왕검의 합리적 교화로 세상을 구제하려는 재세이화의 사상, 고구려의 상무정신과 조선의 의리와 지조를 중요시하는 선비정신을 이어가는 문무를 겸비한 민족 간부를 양성하자는 목적으로 단체를 만드셨다.

2009년 24반 무예 복원자 임동규 총재

경당 사범이 되다

나는 1992년 9월 1일부터 24반무예를 시작했다. 처음에는 집에서 자전거로 10분 거리여서 왔다 갔다 하다가 1주일 뒤에는 아주 경당에서 먹고 자고 하면서 배우기 시작했다. 돈을 벌면서 회비를 내고 배우기에는 무예에 내가 깊이 매료된 것이다. 그리고 내가 직업으로 선택해서 사회 진출을 하기 위한 아주 적절한 곳이라고 생각했다. 그래서 임동규 선생님께 회비 대신에 경당에서 일을 하면서 배우겠다고 했고 흔쾌히 허락해 주셨다.

이후 죽염을 굽고 토화를 키워서 팔고 하는 등 일이 그렇게 많을 줄 몰랐다. 정말 일을 많이 했다. 우리 집안을 잘 알고 계시는 경당이 있는 탑동마을 어르신들—탑동마을은 임씨 집성촌이었다—은 왜 제가 이런 곳에 와서 저렇게 새빠지게 고생하는지 모르겠다고 울 어머님을 만나시면 얘기하셨다고 한다.

족보에서 널 빼겠다

아버님이 생각하시기에 내가 경당에 몇 번 다니다가 말겠지 했는데 경당에 아예 먹고 자고 하니 걱정을 많이 하셨다. 그 당시 아버지께서는 내가 '군대를 다녀오면 정신 차리고 대학을 가겠지.'라고 생각을 하셨으나 아니나 다를까 군대를 다녀와서 고작 선택한 것이 경당이었던 것이다. 그리고 임동규 선생님이 1979

년에 구속되었을 때 형님과 동생이 연루되어서 형님을 고문으로 돌아가시고 동생은 정신이 이상해지는 일이 벌어졌는데 그 일이 우리 집까지 이어 올까봐 심히 걱정하셨던 것이다. 임동규 선생님은 우리와 먼 친척이셨고 같은 동네살고 계셔서 이분에 관한 스토리를 아버지께서는 다 알고 계셨던 것이다. 한마디로 임동규 선생님한테 빨간 물이 들어서 그 물이 나에게 옮아오고 그 여파로 집안이 문제가 생기는 것으로 생각하셨다.

아버님은 단호하게 나에게 그만두라고 하셨다. 나는 그만두기에는 이미 그 세계에 매우 깊이 빠져 있었다. 나는 그만 못 둔다고 딱 잘라서 얘기했다. 아버님은 그만 안 두면 나를 족보에서 빼신다고 했다. 나는 이에 질세라 족보에서 내 이름을 빼시라고 했다. 나는 그때만 해도 내가 하는 일이 맞다고 생각하면 앞뒤를 보지 않고 달려 나가곤 했던 것이다. 본의 아니게 아버님께 깊은 상처를 드렸다. 아버님께서 작년 2015년 12월에 86세의 노환으로 돌아가셨는데 그때 그렇게 말씀드려서 죄송하다는 말을 한 번도 못했다. 지금도 사죄를 드리지 못한 것이 한으로 남아 있다.

부모님께서 반대하는 일을 하고 있는 상황이라 그 이후로 집에는 1년에 두 번만 들어갔다. 설날과 추석날. 경당에서 운동하고 일하는 일과가 쉼 없이 바쁘게 돌아갔고 나도 경당으로 많은 사람들이 와서 먹고 자고 하면서 운동을 하고 가는데 나만 집이 가깝다고 부모님을 뵈러 갈 수가 없었다. 나는 그 정도로 경당에 큰 애정을 가지고 활동을 했었던 것이다.

경당 사범이 되다

그 당시 경당은 굉장히 독특한 장소였다. 학생운동, 노동운동, 시민운동을 했던 사람들이 사회 진출의 발판으로 삼았기 때문이었다. 사람들은 이곳 경당에 들어와서 집중적으로 수련을 하여 경당 사범이 돼서 전국으로 나갔다. 전국으로 나간 그들은 주로 대학가 중심으로 가서 총학생 회장과 총학생회 사람들을 대상으로 무예를 가르쳤다. 무예를 수련하고 가르치는 일을 중점적으로 했다.

경찰정보과 같은 곳에서 경당을 주시하기 시작했다. 왜냐하면 이미 임동규 선생님이 쌍무기수를 받고 10년 뒤인 88년도에 노태우 前 대통령이 당선되고 나서 일시적으로 가석방으로 풀려났기 때문이었다. 그렇기 때문에 정부에서 주시할 수밖에 없었던 것이다.

처음에는 선생님께서 무예, 운동에 집중하셨다. 특히 정조대왕이 자신의 왕권을 강화하기 위해 편찬한 『무예도보통지』는 무예

를 하는 사람에게 소중한 책이다. 임동규 선생님은 경당에서 그
것을 복원하고 계셨던 것이다. 경당이라는 조직 내에서 했던 무
예가 24반무예였다. 1992년 가을과 겨울을 경당에서 보냈다. 많
은 분들이 경당을 오고 갔다. 이웅범 사범, 윤준서 사범, 김석민
사범, 김재성 사범, 박희정 사범, 이정태 사범……. 나는 1993년
2월초에 경당에 입문한 지 5개월 만에 사범이 되었다. 가장 짧은
시간에 사범이 된 것이다. 내 나이가 그때 22살이었다. 보통 학
생운동이나 노동운동을 했던 사람들이 경당에 들어왔기 때문에
경당 사범들은 대부분 20대 후반에서 30대가 대다수였다. 그중
내가 제일 어렸다.

사범이 된 후 바로 진주로 파견을 갔다. 1992년 12월 연말에
눈이 많이 오는 날 진주에서 세 명이 경당으로 왔다. 진주에서 큰
들이라는 문화 단체를 운영하는 김정수 대표, 전민규, 정영근이
함께 왔다. 진주에 경당을 만들어서 시민들에게 무예를 가르치
고자 하는데 사범을 파견해달라는 요청을 하였다. 우선 당시 김
재성 수석 사범이 1993년 1월 한 달간 파견을 갔다. 그리고 내가
사범이 되자마자 바로 2월초부터 진주에서 사범 생활을 하였다.

진주로 파견을 간 후 진주가 나의 제2의 고향이 되었다. 선배
사범들은 당시 진주로 파견 가기를 원했다. 파견을 가면 매월 50
만 원씩 월급을 받을 수 있는 곳이었다. 월급을 고정적으로 준

지역은 진주가 처음이었다. 1990년대 초에 경당은 주로 대학가를 중심으로 보급되었다. 임재선 사범이라고 평민당 조직 부장 출신이신 분이었는데 이분은 조직하는 역량이 뛰어난 분이었다. 선생님께 약 두 달 정도 무예를 배우고 서울로 가서 서울 지역 주요 대학에 경당을 보급하셨다. 당시 전국에 150개 대학이 있었는데 100개 대학에 경당이 보급되었다. 그 정도로 경당의 파급력이 컸다.

주로 운동권 출신들이 경당을 접했기 때문에 많은 대학에서 총학생회 간부들이 생활 총화 차원에서 경당을 새벽에 배웠다. 무예 수련을 1~2시간 하고 생활 총화하고 하루 일정을 시작했다. 나도 1993년에는 진주파견을 마치고 다시 광주의 경당 본당으로 돌아와서 본당 사범으로서 임동규 선생님을 모시면서 새벽마다 하는 운동 시간에 전남대학교 총학생회 간부들을 지도하였다.

임동규 선생님께서 지도하는 운동 방식은 그렇게 과학적이고 체계적이지 못했다. 나도 1992년에 첫 운동을 시작할 때 2주 만에 지상 무예 18가지를 다 배웠다. 말이 18가지지 예도라는 검법 하나만 해도 동작이 1천 여 가지가 넘는다. 그냥 수박 겉핥기식으로 배웠다. 순서를 외우는 것도 힘들었다. 그리고 2주 만에 다 배우고 그 뒤부터 시범을 나갔다.

24반무예는 회전이 많고 전후좌우로 움직이기 때문에 동작이 역동적이어서 처음에 배울 때는 무척 어렵다. 그렇기 때문에 배운 지 2주 만에 시범을 나가니 잘될 리가 없었다. 그래도 임동규 선생님의 말씀처럼 한번 시범을 나가면 한 갑자가 늘어난다고 하시니 열심히 할 수밖에 없었다. 그리고 검을 뒤로 휘둘러서 치는 내략, 외략, 외내략이라는 경당의 대표적인 기본 검법 동작이 있었는데 이 동작은 한 번 운동할 때 각각 1,000여 회씩 총 3,000회를 132미터(본국검 길이)가 되는 무거운 검을 휘둘렀다.

그때는 그냥 해야 되는 줄 알고 무조건 했다. 어깨 근육이 나갔다. 그래도 했다. 구령을 직접 천 번씩 붙이는 선생님을 봐서라도 했다. 나는 그 이후로 던지기가 잘 안 된다. 초등학교 때 거의 매일 야구를 했고 던지기를 좋아했는데 그 이후로 잘 되지 않게 된 것이다. 나중에 내가 도장을 직접 운영하면서 그렇게 지도를 하면 안 된다 싶어서 나름 분석도 하고 기본기도 만들고 하였지만 여하튼 그 당시 경당의 지도 방식은 그랬다.

1993년에 다시 부산으로 파견을 갔다. 부산의 최정우(본명은 최진수) 사범과 함께 생활을 하면서 일반인과 대학생들을 지도했다. 부산에서 만난 미장원을 하는 김성희 누님은 날 친동생처럼 대해 줬다. 경당을 하면서 어디를 가든 좋은 사람을 만났고 대부분 학생운동과 노동운동의 경험을 가지고 있는 분들이라 세상을 보는

시각도 비슷해서 좋았다. 다만 치열한 논쟁이 있기도 하고 다들
똑똑해서 피곤하기도 했지만 여하튼 즐거운 시간이었다.

부산에서 보낼 때는 가끔 답답할 때 해운대나 광안리 바다에
갔다. 밤에 모래사장에 누워있으면 잔잔히 들려오는 파도소리가
참 좋았다. 한숨 자고 오기도 하고 그랬다. 진주나 부산이나 경당
본당에서 생활할 때 매일 산을 탔다. 산에서 운동을 하고 그랬다.
당시 경당에서는 몸풀이를 할 때 택견과 정도술을 하였다.

특히 정도술 상하체술 각각 10번까지 하면 온몸이 땀으로 져졌
다. 나는 개인적으로 운동을 좋아하는 체질이 아니다. 선천적으
로 건강은 하지만 그래서 그런지 좀 게으르기도 하다. 그래서 뭔
가를 규칙적으로 새빠지게 하는 것을 좋아하지 않는다. 근데 경
당에서는 그렇게 했다. 경당에서는 무기는 무예를 잘하는 것이
다. 일단을 무예를 잘해야 대중들에게 교감을 얻는다.

나는 경당의 무예라는 무기를 통해 대중을 만나고 이를 통해
내가 하고 싶은 일을 한다. 그래서 일단 무예를 잘해야 대중들에
게 감동을 준다. 그래서 운동을 처음 할 때 경당이 있는 용진산
아래에서 타이어 두 개를 끌면서 체력을 키웠다. 아무도 없는 곳
에서 소위 활터라고 불리는 장소에서 매일 매일 하루도 빠짐없
이 운동을 했다. 그때의 내 모습은 공포의 외인구단이라는 영화

나 만화에서 훈련받는 그런 모습을 연상하면 될 듯하다. 그리고 산속에서 스승 밑에서 장작을 패고 일을 하면서 무예를 연마하는 제자의 모습을 떠올리면 될 것이다. 나는 그렇게 운동을 했다.

임동규 선생님의 무예 철학 중 하나가 노동을 통해서 무예를 배운다는 것이다. 말이 좋아 그렇지 운동보다 일이 더 많았다. 몇몇 대학생들은 무예를 배우러 왔다가 일이 너무 힘들어서 다시 돌아갔다. 그리고 어떤 대학생은 왜 수련비와 숙박비를 내는데 일을 시키냐고 하면서 불만을 토로했다. 다 그런 사람들을 함께 하게 만들고 융화시키는 일을 하는 사람이 본당 사범이다.

나는 본당 사범 생활을 가장 오랫동안 하였다. 1993년 2월부터 1994년 겨울까지 본당 사범 생활을 했다. 당시 경당 사범이 되기 위해서는 해야 할 세 가지 일이 있었다. 가장 어려운 하나는 6개월 동안 경당 본당에 들어와서 먹고 자고 하면서 매일 운동하고 일하는 것이었다. 6개월 동안 하던 일을 접고 올 수 있는 사람은 그렇게 많지 않았다. 허석, 최은섭, 김광식이 그렇게 해서 사범이 되었다.

허석 사범은 울산에서 노동운동을 하시다가 한겨레신문을 돌렸다. 그러다 경당에 왔다. 최은섭 사범은 청주에서 민청에서 활동을 하다가 조직에서 경당 사범이 필요해서 파견을 보냈다. 김광식 사범은 천안 단국대에서 총학생회장을 하며 학생운동을 하다가 경당에 왔다. 세 사람 모두 6개월 과정의 힘든 코스를 무사히 마치고 지역에 가서 도장을 운영했다. 지금은 김광식 사범만이 24반무예경당협회 마상무예공연단장으로 활동을 하고 있다.

두 번째로 과정은 지역에서 1년 이상 수련을 하고 경당 본당에서 한 달을 보내는 과정이다. 이 코스도 그렇게 쉬운 코스는 아니었다. 그 이후 만들어진 코스가 지역에서 1년 이상 수련을 하고 1주일 정도를 경당 본당에 와서 수련을 하고 마지막 날 심사를 통해 사범이 되는 것이다. 나는 광주에서 경당 도장을 운영하면서 일주일 코스를 담당해서 가르친 적이 있다.

한번은 한 겨울이었는데 눈이 무척 많이 왔다. 새벽에 눈이 수북이 쌓였다. 수련생들은 당연히 용진산도 안 올라가고 수련도 쉬는 것으로 생각했다. 나는 새벽 6시에 모두 깨워서 용진산을 올라갔다. 근 10킬로 정도 되는 코스를 달리기를 하고 용진산을 1시간 정도 탄다. 용진산이 그리 높은 산은 아니지만 정상에서는 가팔랐기 때문에 힘들고 위험한 산이다. 나는 몇 년 전부터 수시로 타온 거라 그리 겁을 먹지 않았지만 당시 수련생들은 자기들을 죽이려고 한다고 생각했단다.

나는 그때 사범이 되고자 하는 사람들에게 독했다. 물론 나에게도 독하고 철저했다. 그때 수련을 모두 마치고 심사가 끝나자 경당 본당의 자신들이 묵던 숙소로 나를 불렀다. 나는 눈치를 채고 피했다. 그날 사범이 된 수련생들이 내가 방에 들어오면 이불을 씌워서 다구리를 하려고 했다고 한다. 얼마나 힘들었으면 그런 생각을 했을까. 그러나 나는 개의치 않는다. 그 당시 나는 경당 사범에 대한 자부심이 강했다. 경당 사범은 특별해야 한다고 생각했다. 강한 체력과 정신으로 다른 사람의 모범이 되어야 한다고 생각했다.

『강철은 어떻게 단련되었는가』라는 소설에 나오는 주인공처럼 강해야 한다고 생각했다. 나는 이런 얘기를 자주한다. 이 세상에는 두 가지 부류의 인간이 있는데 하나는 경당 사범인 사람과 하나는 경당 사범이 아닌 사람으로 나뉜다. 그 만큼 나는 경당 사범인 것을 자랑스럽게 생각했으며 그만큼 경당 사범이 되기 위해서는 이 시대의 지도자로서의 덕목과 자질을 갖추기 위해서 끊임없이 노력해야 한다고 생각했던 것이다.

나는 사범 중에 가장 어렸으나 제일 핵심이었다. 임동규 선생님께서 사범 중에서 나를 제일 아끼셨다. 그래서 내가 전국으로 파견을 가기도 하였다. 전국으로 파견을 간 후 조직을 꾸리고 무예를 가르치고 와서 문당 사범으로 보냈다. 그러다 보니 나를 통해서 사범이 나왔다. 경당에서 내가 할 수 있는 일들이 많아지게 된 것이다.

1995년에 몇 개월 동안 큰 형님께서 운영하시는 서점에서 일을 도왔다. 말이 도왔지 거의 서점을 운영하다시피 일을 봤다. 당시 광주 염주동에서 큰형님께서 서광문고를 운영하셨다. 큰 형님의 말씀대로 40대 중반 쯤에 본인께서 큰돈을 버는 기회가 주어졌다. 땅 분양을 신청했는데 높을 경쟁률을 뚫고 당첨이 되어 건물을 짓고 팔아서 나름 꽤 많은 이윤을 남기셨던 것이다. 그리고 서점을 광주 농성동 돌고개에서 염주동으로 옮겨서 운영을 하게 되었다.

변두리에 큰 서점이 생긴 것이라 그런지 많은 분들이 찾아주었다. 크리스마스 때는 정말 말 그대로 셀 수가 없을 정도로 큰돈을 버셨다. 나는 9개월 정도 큰형님께서 운영하시는 서점 일을 했다. 그리고 1995년 6월부터 8월까지 50일간 미국 LA에서 뉴욕까지 5,000km를 자전거로 가는 행사에 참가하기 위해 서점을 그만 두었다.

1995년도에 뉴욕한인교회협의회에서 광복50주년 기념으로 LA에서 뉴욕까지 50일 동안 5,000km를 자전거로 달리는 프로그램을 만들어서 모집을 했었다. 나는 그곳에 지원을 했던 것이다. 4월과 5월에 경당 본당과 경기도 대성리에서 경당 사범과 수

련생 20명이 전지훈련을 했다. 그리고 초대장과 비자가 빨리나오
지 않아서 근 한 달 이상을 서울 면목동에 있는 서울 경당과 신촌
의 모텔에서 보냈다.

하루는 운동은 이미 많이 했고 할 일은 없고 해서 대학로 마로
니에 공원에 가서 즉석 시범을 보이고 사람들에게 사정을 얘기를
한 후 모자를 돌렸더니 20명이 저녁에 삼겹살을 구어 먹을 만큼
의 돈이 들어왔다. 배가 불렀다. 그렇게 보내다 7월 중순에 미국
으로 갔다. 워싱턴DC에서 뉴욕까지 자전거로 이동을 하면서 교
회에서 잠을 자고 모텔에서 잠을 자고 캠핑도 하면서 보냈다.

1995년 미국에서 만난 벗과 함께

뉴욕에 도착했는데 뉴욕 경찰을 만나서 뉴욕 한복판을 경찰의 도움으로 신호등을 조작하여 단숨에 최종 기착지인 UN본부 앞으로 갔다. 너무 감격스러웠다. 타국에 있는 동안 힘도 들고 했는데 모든 것이 순식간에 날아갔다. 그러나 바로 닥쳐온 것은 여기저기서 인터뷰하자는 요청이었다. 나중에 알고 보니 이 행사가 엄청 크고 의미 있는 일로 그 지역 사람들에게 인식이 되어 있었던 것이다. 내가 참여한 행사를 뉴욕한인교회협의회에서 주최했는데 서로 다른 종파에서 서로 이 일의 성과를 얻고자 갈등이 생겼다고 한다. 결국에는 미국 신문에 보도도 되면서 주최 측의 회장이 사퇴를 하는 일까지 벌어지게 되었다.

나는 UN본부에 들어서면서 갑자기 고등학교 때 억지로 접었던 공부에 대한 미련이 다시 생기기 시작했다. 더 늦기 전에 공부를 하자. 남북통일 문제를 운동권의 논리가 아니 조금 더 객관적인 입장에서 접근하고 학문적인 연구도 해야겠다는 생각이 들었다. 그래서 우리나라 최초로 UN사무총장이 되어야지라는 꿈도 꾸게 되었다. 그런데 그 후 이렇게 빨리 대한민국 출신의 UN사무총장이 탄생할 줄은 당시에 꿈에도 생각지 못했던 것이다. 나는 95년에 공부를 해야겠다는 마음을 먹었고 실질적으로 행동에 옮긴 것은 97년이었다.

광주 경당 도장을 운영하다

1995년에 본당 사범 생활을 접고 광주 경당 사무실을 얻어서 6개월을 보내고 광주교육대학교 앞에다 도장을 마련하였다. 개관하고 1주일 만에 1명이 들어왔다. 그때 들어온 사람은 광주교대 신입생이었다. 그리고 1년간 운영하면서 60명의 관원이 생겼다. 처음에는 당연히 운영이 어려울 수밖에 없었지만 시간이 지나면서 열심히 참여하는 수련생들이 생기면서 도장에 활기가 넘쳤다.

당시 도장을 운영하면서 전남대와 조선대 등 대학 동아리 지도도 나갔다. 아직도 도장 운영에 함께했던 사람들을 잊을 수가 없다. 요즘도 가끔 생각난다. 당시 수련생들이 나에게 '머털도사'라는 별명을 지어줬다. 지금도 나는 머털도사라는 별명을 SNS 닉네임으로 주로 사용한다. 실질적으로 머털도사와 비슷한 면이 많다. 도술을 부리는 것만 빼면 말이다.

1995년 활쏘는 사진 (국궁)

1996년 광주비엔날레 행사 시범 중
KBS방송과 인터뷰

　광주교대를 다니던 여자 친구가 있었다. 고등학교 때 장산곶
매라는 독서토론회 모임을 통해서 알게 된 후배인데 시간이 지나
면서 좋아하는 감정이 생겼다. 몇 년간 짝사랑을 하다가 형님 서
점에서 일하게 될 때 우연히 버스 안에서 만나게 되었다. 그 당
시 여자 친구의 부모님은 서점에서 100미터도 떨어지지 않는 곳
에 꽃집을 하고 있었다. 그렇게 다시 만나게 되고 사귀게 되었다.
도장을 할 때까지는 잘 보냈다. 하지만 1997년 봄에 도장을 접고
늦게 대학을 간다고 했을 때부터 관계가 좋지 않게 되었고 헤어
졌다. 1997년 겨울은 나에게 참으로 힘든 시기였다.

1996년 12월 사건

　1996년 12월에 사범들이 내가 운영하는 도장에 모였다. 그 당

시 민족무예도장 경당은 운영위원회를 통해서 조직을 돌아갔다. 운영위원장(수도권 총책)은 곽현용 서울 경당 관장이 맡고 부위원장(영남권 총책)으로 황세경 부산 경당 관장이 맡고 또 한명의 부위원장(호남권 총책)을 내가 맡았다.

곽현용 관장은 고려대 사회학과 출신으로 수배를 받고 있는 상황에서 건강식품 가게를 운영하면서 여의도에서 24반무예를 수련하였다. 그리고 1994년에 서울 면목동에서 도장을 운영을 하면서 모범적인 케이스를 많이 만드신 탁월한 역량을 갖춘 분이다. 지금은 여주에서 한살림 대표를 하면서 지역사회에서 많은 일을 하고 있다.

영남권을 관리한 황세경 관장은 대단한 일꾼이었다. 당시 30개 정도 전국에 경당 도장이 있었는데 가장 크게 운영을 하였으며 새벽부터 솔선수범해서 포스터를 붙이면서 다녔다. 운동과 일을 너무 힘들게 시키다 보니 도중에 도망을 가는 사람이 있을 정도였다. 지금은 합천에 폐교를 수리해서 자연학교를 만들어 운영을 하고 있으며 배추농사 등 다양한 농사를 짓고 살고 있다. 부지런히 그리고 열심히 살면서 자신의 철학을 만들어가고 있는 분이다.

이러한 다양한 경력을 가지고 있는 사람들이 경당 사범이 되었다. 그런데 1990년대 중반부터 임동규 선생님과 사범님들 간에

간극이 벌어지고 있었다. 그것은 목검 문제가 가장 컸다. 당시 경당 본당은 임동규 선생님이 1억이라는 큰 빚을 지면서 건립을 했다. 땅을 사고 건물을 짓는 데 큰돈이 들어갈 수밖에 없었던 것이다. 그래서 한 달에 내는 이자가 꽤 컸다. 이것을 해결해 나가기 위해서 목검을 직접 제작해서 판매를 했다.

또 직접 제작할 수밖에 없는 것이 모든 검의 길이를 본국검 길이에 맞춰서 사용을 했는데 『무예도보통지』에 의하면 본국검 길이는 132cm였다. 시중에 132cm 길이의 목검을 판매하지 않았다. 길어야 110cm였다. 그래서 직접 목재를 구해서 목검 형태의 그림을 그리고 기계톱으로 켜서 대패로 밀어 모양을 만들고 마지막으로 글라인더로 마무리를 했다.

투박하지만 휨이 큰 목검을 만들 수 있었다. 이러한 목검을 만드는 과정은 많이 힘든 작업이었다. 임동규 선생님은 그 힘든 과정을 본인 혼자 다 하셨다. 마지막 글라인더 작업은 본당 사범의 몫이었다. 내가 본당 사범으로 있을 때 나의 일 중 하나가 글라인더 작업이었다. 매일 쉬지 않고 했다. 선생님께서 매일 일을 하셨기 때문에 나오는 목검을 글라인더로 밀 수밖에 없었다.

추운 겨울날에도 시린 손을 불어가면 하였다. 한번은 옷에 글라인더 날이 끼면서 왼손을 미는 사고가 있었다. 크게 다칠 뻔 했다. 이런 작업의 과정을 통해서 나온 목검은 전국으로 보내졌다. 1자루에 2만 원에서 3만 원을 받았다. 당시 5천 원 정도하는 다른 목검에 비해서 결코 싼 금액이 아니었다. 그렇지만 경당 본당 운영을 위해서 보급을 하여야 했다. 근데 목검 재질에 따라서는 무척 약했다.

한번만 부딪혀도 뚝 끊어지는 경우가 있었다. 가죽나무 재질이 그랬다. 그리고 충분히 말리지 않고 제작되는 경우가 있었는데 그럴 경우 시간이 지나면 목검이 뒤틀려졌다. 어떤 경우에는 목검 모양새가 영 안 나는 경우가 있었다. 이런 경우에는 손재주가 좋은 경우에는 자신이 직접 다시 다듬어서 사용하였다. 이러하기에 지역 도장에서는 보내준 목검의 절반이 문제가 생길 경우 판매의 가치가 떨어져서 사용을 하지 못하는 경우도 있었다. 운영이 어느 정도 되는 곳은 목검을 받자마자 바로 입금을 해줬지만 그렇지 못한 곳은 제대로 입금을 시켜줄 수가 없었다.

돈거래가 스승과 제자 간에 물건을 통해서 생기면서 서로 불신과 갈등이 커졌다. 선생님은 현실적으로 먹고 사는 문제를 외면할 수 없었고 현장에서 일하는 사범들은 선생님의 방식에 의문을 가졌던 것이다. 그래서 갈등의 골은 깊어지게 된 것이다. 사실 선생님께서 경영을 전문적으로 하신 분이 아니었다. 경당의 사람은 많아지고 조직은 확대되는데 임동규 선생님도 자신의 경영의 비법을 가지고 있지 않았던 것이다. 그러다 보니 경영이 매끄럽게 진행되지 않았던 것이다.

제자들은 스승님이 운영 등 일선에서 물러나셔서 『무예도보통지』에 대한 완전한 복원을 위해 더 연구하시고 책도 쓰시길 바랐다. 허나 목검이 주요 수입원이고 또한 많은 빚을 지고 있어서 그렇게 할 수가 없는 입장이셨다. 그렇다고 사범들이 큰돈을 매월 드리면서 여유 있게 보낼 수 있도록 할 수도 없었다. 이러지도 저러지도 못하는 상황에서 선생님께 종종 문제제기가 되었으면 선생님은 여전히 받아드리지 못했다.

그 골이 깊어져서 1996년 12월말에 광주 경당에 사범들이 모였다. 그리고 밤새 토론을 하였으며 내린 결론은 이젠 선생님께서 경당 운영에서 물러나시는 것이었다. 회의에 참가한 30여 명의 사범들이 경당 본당으로 갔다. 선생님은 분위기를 파악하시고 물러나지 못한다고 하시며 누가 주동을 했냐고 하셨다. 나는 지금의 상황에서 선생님께서 물려나셔야 한다고 말씀드렸다. 내 말에 동조하는 사범들이 없었다. 아니 회의 때 많은 이야기를 하였지만 실질적으로 선생님 앞에서는 쉽게 얘기가 나오지 않았던 것이다.

여전히 임동규 선생님의 권위는 살아 있었다. 선생님은 나를 공격하였다. 너를 믿었는데 네가 그럴 수 있냐고 나에게 말씀하셨다. 나는 선생님이 물러나지 않으면 많은 사범들이 그만 둘 것이고 그러면 그동안 쌓아올린 성과들이 무너질 거라고 생각했다. 나는 선생님께 물러나셔야 한다고 했다. 그러나 사범들의 동조가 없는 관계로 나는 역적이 되었다.

나는 당시 선생님이 내 마음을 못 알아줘서 힘든 것보다는 사범들이 자신 있게 선생님 앞에서 주장을 하지 못하는 게 아쉬웠다. 결국 결론은 서로 잘해 보자는 식으로 마무리가 되었다. 나는 그 자리에서 더 이상 사범으로서 수련생들에게 무예를 가르칠 수 없다고 선언했다. 그만 두겠다고 했다. 다른 많은 복합적인 이유가 있었겠지만 나는 경당 사범으로서의 자부심이 그날 무너졌다. '그래 이젠 목검을 놓고 1995년 UN본부 앞에서 들었던 공부를 해야겠다는 생각을 실천하자' 나는 그 자리에서 인생의 방향을 돌리자고 생각했다.

민족무사 칭호를 받다

결국 그 일로 인하여 나는 경당에 손을 떼게 되었다. 나는 경당을 그만 두겠다고 말을 하였고 하루 종일 선생님과 대화를 하게 되었다. 나는 그 당시 경당에 대한 상당한 애정을 가지고 있었다. 나는 대학을 가지 않고 군대를 다녀온 뒤 경당에 바로 들어갔기 때문에 경당에서 보내는 것 자체를 대학 생활이라고 생각했다. 또한 선생님에 대한 애정도 엄청 컸다. 선생님도 나를 무척이나 예뻐하셨다.

1997년 4월경에 내가 운영하는 도장을 후배에게 넘겼다. 광주 경당 이·취임식 때 임동규 선생님께서 민족무사패를 만들어서 가져오셨다. 민족무사 칭호를 부여해 주신 것이다. 민족무사 칭호를 받은 사람은 교통사고로 돌아가신 전교조 출신의 선생님께 처음으로 드렸고, 내가 두 번째로 받았다.

선생님께서는 살아있는 사람에게는 유일하게 나에게 준다고 하셨다. 그 이후에도 없었다. 나에게는 무거운 칭호였다. 이제 경당을 그만두려고 하니 받은 상이라 감회가 복잡했다. 선생님께서는 경당을 그만 두더라도 어려운 일이 있을 때 중재를 해달라고 하셨다. 나는 이번 일로 선생님께서 전에 있었던 사건에 대한 나의 진심을 받아주셨다고 생각했다.

그날 나는 많이 울었다. 내가 거의 목숨 걸고 했던 경당 일을 접는 것이 너무 아쉽고 또 서글펐다. 언젠가는 다시 시작할 거라고 생각했지만 심경이 복잡해서 미묘한 감정이 들었다. 사랑하는 사람이 떠나는 것보다 더 슬펐다. 그 이후 5년간 목검을 절대 잡지 않았다. 공부에만 전념했다. 한때는 경당의 기억을 모두 지우고 싶을 정도였다. 또 한편으로는 경당을 그만두겠다고 정리를 하고 나왔지만 나는 이곳을 떠나지만 완전히 떠나는 것이 아니라고 나중엔 꼭 다시 돌아와서 경당 일을 할 것이라는 생각을 하기도 하였다. 고등학교 때부터 근 10년간 유지하였던 57kg의 몸무게가 몇 달 만에 10kg 이상이 쪘다. 새로운 길로 접어드는 과정이었다.

독일 유학을 꿈꾸다

공부를 하기 위해서 독일로 가기로 마음을 먹었다. 독일 훔볼트 대학의 송두율 교수에게 북한과 통일 문제를 배우고 싶었다. 당시 한국 진보 학계에서 새로운 바람을 불어 일으킨 분이었다. 이후 2003년 가을에 한국에 갑자기 오게 되면서 근 1년간 노동당 입당하여 북한에 방문하는 사건 등으로 인해 보수 언론의 집중포화를 받았다. 그리고 다시 독일로 돌아 가셨다.

분단된 우리 사회의 모습을 여실하게 보여준 사건의 주인공이셨다. 그 사건이 있기 5년 전인 1997년은 대단한 학자로 각광을 받고 있었다. 독일로 유학가기 위해 서울에 있는 독일문화원에 갔다. 한국에서 대학에 들어가지 않은 상황이라 독일에서 공부를 하려면 일단 수능시험을 봐서 60% 안에 들어야 하고 그 후 독일로 가서 1~2년 정도 어학과정을 거치면 대학에 들어갈 수 있다고 했다.

일단 수능시험을 보는 게 나의 과제였다. 독일은 당시 유학생들에게 학비를 받지 않았기 때문에 체류하는데 드는 비용만 마련하면 되었다. 근데 당장 언어가 안 되어 당분간을 체류하면서 어학 공부에 전념할 시간이 필요했다. 그래서 큰 형님께 부탁을 드려서 경당을 그만두고 독일에서 공부를 할 테니 1년간 보낼 천만 원 정도를 달라고 했다. 큰 형님이 생각과 다르게 흔쾌히 그렇게 하겠다고 하셨다. 부모님도 일단 경당을 그만둔다고 하니 좋아하셨다.

그러나 막상 경당을 그만두고 수능 시험을 준비하려고 할 때 큰 형님은 서점 일을 하면서 취업 준비를 하라고 하셨다. 그리고 그렇게 하지 않으면 한 푼도 줄 수 없다고 하셨다. 나는 그렇게 할 수 없었다. 일단 수능 시험을 준비했다. 없는 가운데 시작된 일이라 광주 시내의 독서실에서 먹고 자고 하며 학원에 다니면서 시험을 준비했다. 밥도 하루 두 끼만 먹었다. 학원도 3개월만 다녔다.

생전 처음 구경하는 수능 문제라 생소했다. 또 10년 이상 놓은 공부를 하려고 하니 쉽지가 않았다. 10대 후반 20대 초반의 어린 친구들과 공부하는 것도 쉽지 않았다. 그러나 시간이 없었다. 그냥 마구잡이로 공부했다. 그리고 수능 시험을 봤다. 60% 안에는 들었지만 좋지 않은 성적이었다. 다시 한 번 독일 유학을 가려고 얘기를 꺼냈지만 부모님과 큰 형님께서 적극 반대하셨다. 이렇게 된 마당에 국내 대학이라도 가자고 생각했고 마침 광주에 있는 조선대학교에서 북한학과를 개설하여 첫 신입생을 모집하였다. 원서를 넣었고 나는 당당히 합격했다. 늦깎이 대학생이 된 것이다.

PART
4

늦깎이
대학생이 되다

(1998~2002)

막노동 현장에서 현실을 보다

아버님은 조선대에 전화를 하셨다. 왜 북한학과와 같은 과를
만들어서 우리 아들이 거기를 가게 하느냐고 말이다. 아버지는
북한학을 공부하는 것이 곧 빨갱이가 되는 것으로 생각하신 것
같다. 늦게나마 공부한다기에 그나마 좋아하셨는데 북한학과를
간다고 하니 난리가 아니셨다. 고등학교 이후 하는 모든 일이 아
버님의 의사와 어긋난 일이었다. 그래서 난 이번에도 집을 들어
갈 수 없었다.

내가 하고자 하는 일을 하니 다시 고생할 수밖에 없었다. 독서
실에서 한겨울을 먹고 자고 하면서 매일 막노동을 했다. 그러다

1997년 IMF가 터졌다. 그리고 김대중 후보가 대통령에 당선되었다. 1992년도 대통령선거 때 나는 공정선거감시단(공감단)에 속하여 활동했다. 말이 공정선거감시지 당시 여권이 펼치는 용공조작, 불법 선거 등을 감시하고 야권 후보가 당선을 돕는 기구였다. 한마디로 공정선거만 이루어진다면 김대중 후보가 당선된다는 논리였다. 열심히 뛰었다. 그러나 떨어졌다. 나는 한없이 눈물을 흘렸다. 그런 기억 때문에 1997년 당선은 그렇게 감동적이지는 않았다. 당연하다고 생각했다.

나는 매일 새벽 5시에 막노동을 뛰기 위해 인력 대기소를 나갔다. IMF로 공사가 많지 않아서 나갈 일자리가 없었다. 많은 사람들이 허탕을 쳤다. 자주 그런 일이 벌어지다 보니 그곳에 있는 사람들 모두 신경이 날카로워졌다. 서로 일을 나가려고 싸웠다. 서글펐다. 먹고 살기 위해 어쩔 수 없는 상황이 벌어졌다. 일을 나가지 못한 날은 빵 하나와 우유 하나를 사서 아침을 먹었다. 그렇게 하루를 버틴 적도 있었다. 그렇게 한겨울을 보냈다.

98학번 28세, 준비된 대학생 임한필

1학년 1학기가 시작되었다. 북한학과 수업은 나에게 쉬운 수업이었다. 건방진 얘기지만 거의 대부분 아는 내용이었다. 이미 이

전에 많은 독서를 통해서 또 내가 아이들과 했었던 학습을 통해서 알고 있는 내용이었다. 나는 오히려 북한학 수업보다는 교양 등의 수업에 충실했다.

한번은 오수열 교수님이 진행하는 수업에서 『아리랑』이라는 소설 얘기가 나왔다. 읽어본 사람이 있냐고 물으셨다. 손을 들었다. 나만 들었다. 교수님은 그 소설이 어떤 내용인지 물으셨다. 아는 만큼 얘기했다. 교수님은 그때 나에게 준비된 대학생이라고 하셨다.

당시 김대중 대통령께서 선거 때 들고 나온 구호가 '준비된 대통령'이었다. 어떤 동기생들은 내가 왜 대학에 들어왔는지 모르겠다고 했다. 다 아는데 왜 대학교에 들어왔는지 의아해했다. 그러나 나는 더 배우고자 했다. 합법적이고 제도적인 체계 내에서 학식을 높이고 싶었다. 그리고 세상을 보는 역사를 보는 시각을 더 키우고 싶었다. 그러나 결국 대학은 혼자 공부하는 곳이다.

나는 학교 강의 시간 외에는 대부분 도서관에서 보냈다. 그리고 다양한 자료를 많이 봤다. 특히 정치외교학과에 관련된 내용을 많이 봤다. 이왕 공부하는 거 외무고시를 준비해야겠다고 생각했다. 초반에는 나이 차이가 많이 난 동기들과 잘 어울리지 못했다. 가끔 편하게 술 한 잔도 하고 대학 캠퍼스 생활을 하고 싶다는 생각이 들었지만 어머니 말씀대로 모든 일은 때가 있는 것이다. 그 때를 놓치면 할 수 없다. 아니 할 수는 있어도 그 시절의 그 마음을 살릴 수는 없었다.

나는 평일에는 강의를 듣고 도서관에서 살고 토요일과 일요일에는 막노동을 했다. 잠은 여전히 조선대 앞에 있는 독서실에서 보냈다. 여전히 막노동은 쉽지 않았다. 일이 없는 것이 가장 큰 문제였다. 그래서 일을 나가는 것이 힘들었지만 일을 나가는 때에는 감사하는 마음을 가지고 일을 했다. 그때 번 돈으로 독서실 비용을 대고 식비로 쓰면 거의 남은 게 없었다.

하루는 너무 배가 고파서 조선대 근처에 살고 있는 친구 집에 가서 라면을 끓여 먹었다. 속으로 많이 울었다. 내가 왜 이렇게 고생하는지 서글펐다. 큰 형님 집이 바로 옆이고 부모님 집이 버스 한번만 타면 가는 시골에 계셨는데 배가 고파도 가지 않았다. 반대하는 일을 자신이 하고 싶은 일은 한다는 대가는 그만큼 컸다. 물론 나의 고집으로 인해 내가 사서하는 고생이었다. 어머님도 가끔 나에게 "네가 왜 그렇게 고생하면서 사는지 모르겠다"고 하셨다. 나도 가끔 잘 모르겠다는 생각을 하기도 하였다.

1학기를 마치고 성적이 나왔다. 1등을 했다. 전액 장학금을 받게 되었다. 이젠 부모님의 집으로 들어가야겠다고 맘먹었다. 1등이라는 명분도 있고 더 이상 밥을 굶어가면서 공부를 할 수가 없었다. 약화된 치질로 고생도 하고 있었다. 아버님께 집에서 학교를 다니겠다고 했다. 별말씀 없이 그러라고 하셨다. 부모님 곁은 포근했다. 아래채를 쓰면서 어머님이 차려준 밥상을 받으면서 편하게 다녔다.

부모님과 함께 지내면서 아버님과도 대화를 많이 했다. 세상 돌아가는 얘기부터 시작해서 아버님 살아오신 과정에 대해 많이 들었다. 한동안 별 일 없이 늦깎이 대학생으로서 조금은 여유로운 삶을 보냈다. 113번 버스가 학교와 집까지 거의 종점에서 종점으로 다녔다. 1시간 30분 정도의 시간이 걸렸다. 조선대 사회대학교 뒤편에 있는 산길로 해서 걸으면 버스를 타는 곳에 도달한다. 20분 정도 걸었다. 어쩌다 버스를 놓치면 한 시간을 기다려야 한다. 그리고 가끔 버스가 한 대를 빼먹으면 무려 두 시간을 기다려야 한다. 한 겨울에는 죽을 맛이었다. 그래도 막노동하면서 일이 없어 굶어서 힘든 것보다는 나았다.

통일21학회를 만들다

북한학을 공부하면서 가장 중요한 것은 '어떠한 관점을 가지고 공부를 해야 하는가'였다. 객관적인 관점에서 학문적 태도를 유지해야 하는데 그 객관적인 태도를 유지한다는 것이 쉽지가 않았다. 특히 학부생들에게는 북한 정보를 해석할 분석력이 약했고 경험도 부족했다. 많은 부분에서 혼자 풀어가기에는 힘든 과제였다. 그래서 학회를 만들어야 겠다고 생각했다. 그래서 통일21학회를 만들었다. 그 학회를 만든 후 매주 또는 거의 매일을 만나서 주제를 정해서 토론하였다. 아래는 통일21학회의 정관 전문과 활동내역이다.

통일21(Unification21-Uni21) 전문

조국이 분단된 지 반세기를 넘기고 있는 지금 이 시기에 우리는 민족의 오랜 염원인 하나 되는 한반도-평화적인 남북통일은 민중의 바람으로만 남긴 채 새로운 천년을 맞이하고 있다. 그러나 다가올 천년은 조국통일 실현의 큰 마당을 이룰 뿐만 아니라, 민족의 단결된 힘과 평화를 사랑하는 정신으로 무장될 통일된 조국은 세계 인류의 평화와 다양한 민족의 자유와 평등을 이루어 나가는 데 이바지할 것이라 확신한다. 자주, 민주, 통일에 의한 한반도의 평화실현과 신국제질서 속의 민족의 올바른 진로를 정립해 나가는 대안과 방법을 모색하고, 토론하여, 실천해 나가는 준비된 민족간부로서의 자질을 만들어 가고자 한다.

■ 통일21연구회 활동내력(1998~2001) ■

1998년 12월 1일 통일21학회 창립(조선대 북한학과 98학번 15여 명)

12월~1999년 2월: 제1회 동계학술세미나(총 6회)

　① 주제(98년 12월 29일) - 김일성, 김정일에 대한 올바른 접근과 이해

　② 주제(99년 1월 5일) - 주체사상에 대한 이해

　③ 주제(99년 1월 12일) - 북한정치의 흐름

　　　- 북한문화(문학, 영화, 혁명가극)에 대한 이해

　④ 주제(99년 1월 19일) - 북한사회주의 경제 제도에 대한 이해

　　　- 남한의 언어: 북한의 언어 비교

　⑤ 주제(99년 1월 26일) - 국제정치현황: 신국제질서의 흐름/세계정세에 대한 이해

　　　- 주변 4강의 대한반도 정책

　⑥ 주제(99년 2월 2일) - 통일은 왜 필요한가?

1999년 3월 4일 1999년 상반기 정기총회 -1999년도 간부진 선출: 초대회장 임한필(제1기)

　- 주제: 통일21학회 회칙인준, 입회원서, 상하반기 활동계획 논의 및 확정

3월 9일 제1회 시사토론

　- 주제: 미전향장기수(남파간첩)들의 북송문제와 남북관계의 전망

3월 16일 제2회 시사토론

　- 주제: '페리보고서'를 통한 한국과 미국의 대북정책

3월 제1회 정기포럼 - 제1기 학회원 대상

　- 주제: 남북한 통일정책 비교연구

3월 제2회 정기포럼 - 제2기 학회원 대상

　- 주제: 해방전후 북한정치 흐름사

늦깎이 대학생이 되다

4월 제3회 정기포럼 – 제1기 학회원 대상

 – 주제: 남북한 경제 정책의 비교와 전망

제4회 정기포럼 – 제2기 학회원 대상

 – 주제: 북한의 경제특징

4월 9일 제3회 시사토론

 – 주제: 금강산 개발 현황과 남북관계 전망

5월 제5회 정기포럼

 – 주제: 김정일 시대의 전망 – 권력구조를 중심으로

제6회 정기포럼

 – 주제: 북한 문화소개 – 영화와 연극

5월 20일 제4회 시사토론

 – 주제: 코소보 사태를 통한 국제질서의 흐름 고찰

6월 제7회 정기포럼

 – 주제: 북한법과 남한법의 비교 연구

제8회 정기포럼

 – 주제: 남북한 군사력 비교

7월~8월 제2회 하계학술세미나(총 8회)

 ① 주제(6월 29일): 한반도, 운명에 관한 보고서

 ② 주제(7월 6일): 남북기본합의서

 ③ 주제(7월 13일): 남북한 통일정책

 ④ 주제(7월 20일): 남북한 영화 감상

 ⑤ 주제(7월 27일): 대학생들의 통일의식 여론조사 분석

 ⑥ 주제(8월 3일): 통일헌법을 찾아서

 ⑦ 주제(8월 10일): 북한 소설 읽기 그리고 토론

 ⑧ 주제(8월 17일): 독일, 베트남, 예멘의 통일과정과 정책을 통한 Korea
  Reunification의 대안과 전망

9월 16일 제1회 조선대 사회과학대학 학회연합세미나 참가

- 발표주제: 주변 4강과 한반도

- 발표자: 정슬기(제2기), 문희원(제2기) / 논문작성: 임한필(제1기)

10월~12월 정기모임 후 한국현대사 학습 및 토론(총 8회)

- 학습교재: 고쳐 쓴 한국현대사(강만길 著)

11월 3일 제1회 통일학술세미나 개최

- 주최: 통일21학회

- 장소: 조선대 사회대 210강당

- 후원: 민주평화통일자문회의 광주동구협의회/조선대학교 정책대학원

▲ 발표주제: 남북한 통일정책 – 김대중 정부와 김정일 정권을 중심으로

△ 논문작성 및 발표자: 임윤미(통일21학회원 98)

▲ 대학생 통일의식 여론조사에 나타난 통일관

△ 논문작성 및 발표자: 국정은(통일21학회원 98)

▲ 남북기본합의서에 대한 연구

△ 임한필(통일21학회원 98)

12월 1일 통일21학회 창립1주년 기념행사 및 정기총회

- 1999년 활동총괄평가 및 제2대 간부진 선출: 제2대 회장–국정은(제1기)

1999년 12월~2000 2월 제3회 동계학술세미나(총 7회)

2000년 3월 제9회 정기포럼

- 주제: 천리마 운동기의 사회문화(1950년 후반~1960년대)

4월 11일 제5회 시사토론

- 주제: 남북정상회담 이후 변화 모색

4월~11월 동북아정치연구회와 공동주최로 [동북아–통일포럼]을 6회 개최함

4월 제10회 정기포럼

- 주제: 70년대 북한의 사회문화

4월 26일 제6회 시사토론

– 주제: 남북정상회담에서 의제를 제외한 우리가 바라는 의제는?

5월 제11회 정기포럼

– 주제: 80년대 북한의 사회문화

5월 30일 제7회 시사토론

– 주제: 푸틴 정권 수립 이후 러시아 변화 모색과 남북 관계 전망

6월 제12회 정기포럼

– 주제: 90년대 북한의 사회문화

7월~8월 제4회 하계학술세미나

① 주제 〈7월 1주〉: 남북정상회담 총체적인 평가

② 주제 〈7월 2주〉: 통일의 과정과 방법 모색 – 독일, 베트남, 예멘 사례를
중심으로

③ 주제 〈7월 3주〉: 통일 후 정치변화

④ 주제 〈7월 4주〉: 통일 후 경제변화

⑤ 주제 〈8월 1주〉: 통일 후 사회변화

⑥ 주제 〈8월 2주〉: 통일 후 문화변화

⑦ 주제 〈8월 3주〉: 통일 후 법

11월 3일 제2회 통일학술세미나

– 주최: 민주평화통일자문회의 광주동구협의회

– 주관: 조선대학교 통일21학회

– 장소: 조선대 공대3호관 세미나실

■ 대주제: 6·15 남북공동선언과 한반도통일전망 ■

▲ 분단국 통일사례와 한반도 통일 전망: 문희원(통일21학회원 99)

▲ 6·15 남북공동선언에 제시된 '국가연합'과 '낮은 단계 연방제'에 대한
고찰: 송희영(통일21학회원 99)

▲ 언론이 남북한 관계에 미치는 영향 – 6·15 공동선언문에 대한 조선일
보와 한겨레신문의 보도를 중심으로: 임주희(통일21학회원 98)

11월 제8회 시사토론

  – 최근 북미관계의 변화와 한반도 정세

* 기획토론 *

  – 주제: 영화를 통해서 본 한반도 〈'공동경비구역(JSA)'과 '쉬리'를 통해서 본 한반도의 분단현실과 통일의 과제〉

* 선후배 간의 대화 *

  – 주제: 통일21과 함께하는 대학 생활

통일21의 2년간의 활동에 대한 총화와 앞으로의 진로에 대한 모색

12월 1일 2000년도 정기총회 – 제3대 간부진 선출: 제3대 회장–문희원(제2기)

2001년 3월 5일 2001년 상반기 임시총회 – 제4대 간부진 선출: 제4대 회장 – 박승한(제1기)

3월 16일 제9회 시사토론

  – 주제: 한러정상회담의 내용과 한러관계에 미치는 영향

제13회 정기포럼

  – 주제: 부시정부 출범과 성격

3월 23일 제10회 시사토론

  – 주제: 한미정상회담의 평가 및 ABM조약과 그로 인한 한미관계

5월 4일 제14회 정기포럼

  – 주제: 한반도의 분단과정과 이데올로기의 역할

5월 11일 제11회 시사토론

  – 주제: 김정일 국방위원장의 장남 김정남의 근황

5월 18일 제12회 시사토론

  – 주제: 스웨덴 페르손 총리의 방북에 따른 유럽과 북한과의 관계

7월~8월 제5회 동계학술세미나(총 7회)

  ① 주제(7월 10일): 해방전후사

② 주제(7월 20일): 북한의 빨치산세력(김일성)이 김정일체제에 미친 영향

③ 주제(7월 27일): 북한의 예술 · 문화내용과 인민들에게 미치는 영향

④ 주제(8월 3일): 북한엘리트 연구(서열 50위까지)

⑤ 주제(8월 10일): 자본주의와 사회주의 정치체제비교 – 남북한 정치체제
비교

⑥ 주제(8월 17일): 남북한의 경제정책 기조와 향후 통일경제체제 모색

⑦ 주제(8월 24일): 주변 4강이 정상회담 전후 한반도에 관점과 향후 전망

10월 30일 제1회 정치외교학부 학회연합 학술세미나 참가

– 발표주제: 시대별로 본 남북경협과 앞으로의 전망

– 논문작성 및 발표자: 김우정(통일21연구회원 OO) / –토론자: 고강인(통일
21연구회원 OO)

11월 15일 제3회 통일학술세미나 개최

– 주최: 통일21연구회

– 후원: 조선대학교, 한국동북아학회, 민주평화통일자문회의 광주동구협의회

  ■ 대주제: 남북정상회담이후 통일정책과 통일운동

  ▲ 국민의 정부에 대북정책: 정슬기(통일21연구회원 99)

  ▲ 남북정상회담 이후 미국의 대한반도 정책: 박태준(통일21연구회원 OO)

  ▲ 8·15 민족통일대축전평양대회 이후 대두된 남남갈등에 관한 분석과
  민간교류확대 방안모색: 조원영(통일21연구회원 OO)

북한학과 정상화를 위한 비상대책위원회를 만들다

입학을 하고 한 해가 지났다. 북한학과는 만들어진 지 1년이

지나가지만 교수 채용은 미뤄졌다. 그리고 북한학과를 만든 정치외교학과 교수 출신의 김기삼 총장이 학내 문제로 안타깝게 자살을 하면서 같은 과의 김홍명 교수가 총장 서리를 맡았다. 근데 서리로 부임하시면서 추진한 일 중 하나가 북한학과를 폐과를 시키는 것이었다. 학교 당국은 학생들에게 의대를 빼고는 자신이 가고 싶은 과에 갈 수 있게 해준다고 달콤하게 유혹하였다.

우리는 여론조사를 했다. 그리고 많은 학우들이 북한학과에 남겠다고 했다. 싸우자고 했다. 그래서 '북한학과 정상화를 위한 비상대책위원회'를 만들었다. 매일 회의를 하고 매일 학교 거리로 나가서 집회를 하고 서명을 받았다. 수개월 동안 지속되었다. 그러는 와중에 김홍명 총장서리와 면담이 있었다. 나는 비상대책위원장의 직책으로 임원진과 함께 김홍명 총장서리를 만났다. 개인적으로는 존경하는 학자였다. 왜 북한학과를 좌파 이론가가 없애려고 하는지 궁금했다.

학교 측에 폐과 이유는 먼저 북한학을 공부하는 것은 이념적 성격이 강하고 아직 레드 콤플렉스가 우리 사회에 작동을하기 때문에 학부에서 배우기에는 이르고 대학원에서 배우는 게 좋다. 둘째는 북한학을 공부해서는 취업이 되지 않는다. 이런 주장이 당시에는 내가 이해가 되지 않았다. 진보학자로서 이념적 문제가 있다면 우리 사회에 존재하는 레드 콤플렉스를 깨는 것이 필요하고 대학이 오로지 취업의 전당이라면 모르는 일이었다. 취업이 안 된다고 만든 지 1년도 안된 학과를 폐과하겠다고 하는 것은 아니다 생각했다. 다만 학생들을 위한다는 면목은 조금을 수긍할 수 있었다. 그러나 그것 또한 그것을 선택한 대학생들의 판단 몫 이라고 생각한다.

매주 집행위원회 회의를 가졌다. 총 20여 차례 가졌다. 근 5개월 여 동안 학교 당국과 싸웠다. 그리고 청와대, 국민고충처리위원회, 교육부, 통일부 등 관계 기관에 진정서를 보내고 몇 군데 기관은 직접 방문을 했다. 그리고 북한학과가 먼저 개설된 경남대학교 북한대학원 등을 방문하고 운영되는 실태와 북한학과 출신들의 취업 전망 등에 대해 알아봤다. 매일 집회를 통해 북한학과 폐과의 부당성을 알리고 서명을 받았다.

조선대학교 2만 학우의 재학생 가운데 5천명에게 서명을 받아 학교당국에 제출했다. 총학생회 등에서 지원을 하고자 했으나 우리 스스로 문제를 풀고자 했다. 교무처와 학생처 등과도 협의를 하였다. 그리고 결국 학교와 학생들 간에 합의가 이루어졌다.

합의된 내용은 아래와 같다.

現 북한학과에 대한 학교당국과
북한학과 전체 학생들 간의 합의문(학생 측 초안)

학교당국과 북한학과 전체학생들은 지금까지의 북한학과 개설 및 운영에 대한 문제점을 인정하고, 앞으로 학교당국과 학생회는 대화와 협의를 통해 민주적이고, 합리적이고, 효율적인 방식으로 운영해 나갈 수 있도록 상호 협조한다. 또한 북한학과 상황의 해결을 위해 학교당국은 북한학과 학생들에게 다음과 같은 네 가지 사항을 약속한다.

학교당국은 북한학전공 전임교수를 빠른 시일 내에 임용할 수 있도록 최대한 노력한다. 또한 학생들의 기본적 학습권 유지를 위해 강사 채용을 통한 전공과목확대를 합리적인 형태로 보장(1999. 2학기부터)한다. 학생측은 학교의 당면해 있는 제반여건을 인정하고 학교의 비민주적인 요소를 척결하는 개혁을 위해 적극 협조한다.

학교당국은 조선대가 정상적인 학부제 실시를 하게 되는 2000학년도에 사회과학부 內 북한학전공을 반드시 설치한다. 학생 측은 학부제 실시 후 있을 수 있는 북한학전공의 합리적인 변동사항에 대해 학교당국의 입장을 존중한다.

학교당국은 북한학과를 2001년도까지 존속을 보장하고, 학생 측은 그 이후 북한학과에 대한 학교당국의 합리적인 조치를 인정한다.

학교당국은 그 동안 북한학과가 他학과보다 전반적인 교육여건이 미흡했음을 인정하고 그에 대해 공정한 조치로써 앞으로 1년간(1999. 6.~2000. 5. / 총12회) 교수와 학생이 함께 주최하는 '통일세미나'의 모든 재정을 부담하고 주최 측은 학교당국에 감사를 받는다.

조선대학교 북한학과 학생회

이러한 합의는 100% 다 지켜지지 못했다. 심지어 합의된 사항을 겨울방학 시기에는 다시 폐과를 시키고자 했고 중요한 교수 채용을 하지 않으려는 시도도 있었다. 다시 새로 부임한 교무처장을 만나서 합의 내용을 설명하고 반드시 교수채용 등 합의가 지켜져야 한다고 주장했다. 그때 새로 부임한 교무처장이 황병하 교수님이셨는데 학생들과의 약속은 누가 했든 학교 당국이 했다면 지켜져야 한다고 하면서 약속을 하셨다. 그리고 그 약속은 지켜져서 기광서 교수님이 채용되셨다.

우리는 교수채용의 과정에서 절대 누구를 선호한다는 호불호를 밝히지 않았다. 그럴 경우 특성 사람을 지지하는 게 되는 것이고 우리의 순결성을 잃게 되는 것이라 생각했다. 그 원칙을 지킨 게 다행이었고 훌륭한 분들이 마지막까지 논의가 되고 한분이 결정된 것이다.

당시 투쟁의 과정 속에 만든 성명서, 여론조사 등 모든 내용을 담은 자료를 모아서 자료집을 만들었는데 근 500페이지 분량의 내용이 나왔다. 자료집을 발간할 때 쓴 서문이다. 그렇게 40여 명이 시작하고 끝낸 투쟁은 마무리가 되고 그 과정 속에서 학과에서 학생들 간에 친분과 우의는 더욱 다져졌다. 물론 이런 과정 속에서 자신의 의사와는 다르게 전체 분위기가 돌아가서 상대적으로 피해를 입은 학생들도 있을 것이다. 모든 게 우리가 안아야 할 것이다. 또 그 흔적의 기억일 것이다.

「북한학과 정상화를 위한 비상대책위원회」 자료집을 발간하면서

1998년에 조선대학교 사회과학대학 내에 북한학과가 처음으로 개설되었다. 북한학 전공교수가 정식으로 채용되어 있지도 않고 학과커리큘럼도 명확히 서있지 않는 상태에서 42명의 학생들은 서로에 대한 우정과 신뢰로 새로 출발하는 학과의 첫 입학생으로서 긍지와 자부심을 가지고 열악한 상황을 이겨나갔다. 그러나 1999년 3월에 대학당국이 준 선물(?)은 너무나 가혹한 것이었다. 만든 지 1년 밖에 안된 학과를 당장 폐과시키고 학생들을 타학과로 전과를 시키겠다는 것이다. 학생들의 자존심과 학습권을 무참히 짓밟는 학교당국의 폐과 방침에 맞서 '북한학과 정상화를 위한 비상대책위원회'를 조직해서 4

개월간 학교당국과 대화도하고 때론 투쟁도하면서 북한학과 학우들은 그해 봄과 여름을 그렇게 보냈다.

이 기간 동안 우린 북한학과에 관련된 모든 자료를 인터넷과 각종매체를 통해 확보했고, 학교당국의 부당한 방침을 교육부, 통일부, 감사원, 국민고충처리위원회 등을 직접 방문하여 알리고 대책을 강구했으며, 각종 언론매체에 우리의 상황과 의지를 알렸다. 또한 대학총장을 비롯한 대학본부관계자와 사회대학장 및 정치외교학부장과 대화를 통해 협의하고 때로는 강력히 항의도 하였다. 이러한 가운데 우리는 조선대학교 2만 학우들에게 우리의 입장과 대책을 호소하였으며 그 중 3천 여 명에게 지지서명을 받아냈다. 또한 총학생회를 비롯한 각 단대 학생회의 지지서명 또한 받았다. 그리고 다음해 2월에 북한학 전공교수가 공채되었다. 이것은 비상대책위원회의 30여 차례의 집행위원회의와 자체적인 여론조사 그리고 5차례의 총회 등을 통해 우리의 의사와 결의를 일치시키고 실천과 행동을 전체학우가 함께 한 결과였다.

이렇게 통일과 북한을 사랑한 아름다운 청년들의 삶과 투쟁을 이곳에 모두 묶어놓았다. 그때의 일에 대한 기억은 사람마다 각기 다를 것이다. 우리들 속에서도 그렇고 학교당국의 관계자도 그럴 것이며 우리의 모습을 지켜본 모든 이들도 그럴 것이다. 아름다웠던 기억, 슬펐던 기억, 즐거웠던 기억, 힘들었던 기억, 상처받았던 기억, 상처를 주었던 기억, 분노했던 기억, 짜증났던 기억 등등 각자의 가슴 한구석에 이런 다양한 마음이 자리 잡고 있을 것이다. 그러나 여기에 나와 있는 각종 서류와 공문은 그때 모두가 함께 공유하고 주장했던 내용들이다. 그때 우리의 모습을 객관적이고 사실적으로 볼 수 있는 자료인 셈이다.

우리 모두 지금의 이 자료집을 한 장 한 장 넘기면서 서로에게 남긴 흔적을 느껴보자. 그리고 1999년 우리의 삶과 투쟁을 곱씹어 보자. 그래서 새롭게 느껴지는 그 무언가를 가지고, 지금 자신의 삶을 반성하고 새로운 마음가짐으로 자신에게 주어진 삶과 목표를 향해 힘차게 달려가자. 이것이 그때 우리가 가고자 했던 길이다.

2002년 10월 10일
1999년을 함께 한 청년들의 마음을 대표하여
임 한 필(당시 비대위 위원장) 씀

그 일을 마치고 나는 3학년 들어갈 즈음에 휴학을 했다. 전액 장학금을 받다가 2학년 2학기 성적이 한 단계 아래로 떨어져 반액 장학금을 받게 되어 절반의 납부금을 내야 했지만 집에 돈이 없다고 하셨다.

나는 대학을 1년 쉴 수밖에 없었다. 돈이 없어서 휴학을 한다고 얘기하기에는 너무 거시기 했다. 제대로 사정을 말하지 못하고 휴학을 하고 보니 내가 복학을 했을 때는 북한학과에서 정치외교학부로 바뀌게 되었다. 학부제가 실시되면서 북한학과와 정치외교학과가 통합이 되어 정치외교학부가 되었다. 함께 투쟁을 한 동기들은 군대를 간 남자학생들만 제외하고 북한학과를 졸업을 했는데, 투쟁에 함께했던 나는 정치외교학부로 졸업을 하게 되었다. 조금은 동기들이 서운함을 가지고 있었을 것이다. 그러나 나는 자세하게 내 입장을 설명하기에는 내가 좀 그랬다. 돈이 없어서 휴학했다고 하기에는.

남북정상회담에서 김정일을 보다

휴학하는 기간 동안 2000년 남북정상회담이 있었다. 나는 생방송으로 진행되는 기간 동안 한시도 빠뜨리지 않고 봤다. 자유롭게 달변으로 자신의 의사를 표현하고 있는 김정일 국방위원장의 모습을 보면서 충격을 받았다. 그리고 소위 운동권이라고 하는 집단의 그룹보다 김정일의 사고가 더 유연하구나하는 생각을 받았다. 특히 한총련에 대한 의견, 주한 미군에 대한 의견 등을 보면서 한편으로 놀라웠다. 그리고 북한이 영어와 컴퓨터 공부에 많은 신경을 쓰는 것을 보면서 고등학교 때 한때 미제국주의, 반

미적인 감정 때문에 청바지도 안 입고 커피도 안 마시고 심지어 영어공부도 게을리 한 나의 편협한 사고방식이 우습기도하고 부끄러웠다.

6·15공동선언문이 발표되는 날 통일은 곧 올 것으로 믿었다. 그러나 그 이후 많은 시간이 필요했고 또 그때보다 더 못한 상황이 벌어졌다. 역사는 반복하는 것일까? 1972년 7·4남북공동성명 때의 분위기와 그 이후의 분위기가 달라지는 상황이 다시 2000년 6·15공동선어 발표 때와 그 이후의 과정이 비슷하게 되었다.

집에서 1년간 보내면서 다양한 책을 읽었다. 시골이라 신문이 들어오지 않았다. 그러나 큰 형님 서점에서 일자가 많이 지난 신문이 쓰레기 처분용으로 집으로 규칙적으로 들어왔다. 그 지나간 신문들을 쉬지 않고 봤다. 그리고 몇 년간의 신문을 스크랩해서 얻은 키워드는 '동북아'였다.

동북아정치연구회를 만들다

2001년에 복학을 하면서 새로운 학회를 만들었다. 시류에 맞게 동북아 지역에 대해 공부를 하는데 어학을 함께하기로 했다.

중국어, 일본어, 러시아어, 영어 등 어학을 공부하는 스터디를 만들었다. 강사는 중국어는 중국어과 학생을 추천받았고 일본어와 영어는 함께 다니는 학생들에게 러시아어는 러시아에서 공부를 하신 기광서 교수님이 지도를 해주셨다.

학회를 만드는 과정이나 또 운영하는 과정에서 새로운 시도를 많이 했다. 세미나나 포럼 활동도 열심히 했다. 동북아정치연구회의 정관에 나와 있는 전문과 활동사항은 다음과 같다. 활동 사항이 다 지켜진 것은 아니지만 많은 활동을 하였다.

동북아정치연구회
(the North-East Asia Political Society)

〈전문〉

한반도를 둘러싼 동북아시아 지역은 전통적으로 중국, 일본, 러시아, 미국이라는 강대국들의 영향력이 집약적으로 표현되어 왔으며 이들 국가의 이해관계는 한반도의 평화와 질서유지 및 갈등과 대립에서 중요한 변수로서 역할을 해왔다. 그러므로 한반도의 평화체제구축과 통일을 위해서는 이 곳 동북아시아의 정치, 외교, 경제, 사회, 문화, 역사 및 언어를 배우고, 이해하며, 분석하는 일은 필수적이다.

본 동북아정치연구회는 중국, 일본, 러시아, 미국의 언어를 익히며 정치, 외교, 경제, 사회, 문화와 역사를 이해하고 분석하여 한반도의 평화체제구축과 남북한통일 뿐만 아니라 동북아시아의 새로운 공존과 통합을 모색하고 세계인류의 화합과 평화로운 국제질서의 확립을 고민하고 실질적인 대안을 제시하는 모임의 장이고자 한다.

〈제3장 활동 사항〉 제3조

① 【동북아정치연구회】내의 산하기구로 중국Study, 일본Study, 러시아Study, 미국Study로 칭하는 4개의 Study모임을 둔다.

② 매주 1회 이상 각 Study별 해당국가의 언어(중국어, 일본어, 러시아어, 영어)를 배우는 ≪어학강의≫를 갖는다.

③ 매월 1회 동북아정세와 중국·일본·러시아·미국의 정치, 경제, 문화예술, 역사 등을 공부하는 ≪동북아포럼≫을 갖는다.

④ 매년 1회 동북아정세 및 중국·일본·러시아·미국의 정치, 외교, 경제 등에 관한 논문을 발표하고 토론하는 ≪동북아학술세미나≫를 개최한다.

⑤ ≪인터넷Cafe≫의 개설과 운영을 통해 모임을 대외적으로 홍보하고 회원 간의 정보교류, 회원모집과 관리 그리고 인터넷Cafe회원에게 다양한 정보를 제공할 수 있도록 한다.

⑥ 【동북아정치연구회인터넷Cafe】의 카페 주소는【http://cafe.daum.net/NorthEast/】이다.

⑦ 영화(비디오) 및 각종 문화예술공연 관람을 통한 각 나라의 문화의 특성을 이해하고 배운다.

⑧ 주중·주일·주러·주미대사관을 매년 1회씩 방문하며 상호교류를 통해 다양한 정보를 획득하고 배운다.

⑨ 동북아시아지역(중국·일본·러시아·미국 등)의 해외배낭여행을 통해 각 나라의 문화를 직접적으로 체험하고 실용적인 어학기초를 쌓아갈 수 있도록 한다.

⑩ 회원의 모든 활동을 정리하고 평가할 ≪동북아정치연구회지≫를 매년 발행한다.

■ 동북아정치연구회 활동내력(2001) ■

2001년 1월~2월 초 「동북아정치학회」 창립 구상 및 계획 〈임한필(정치외교학부98)〉

2월10일 「동북아정치학회」의 前 모임으로서 『러시아를 사랑하는 모임』의 결성과 홍보

3월 4일 「동북아정치학회」 인터넷 Cafe 개설 〈http://cafe.daum.net/NorthEast/〉

3월 5일 「동북아정치학회」 제1차 창립준비책임자회의 3월 12일 제6차 창립준비책임자회의

 - 「동북아정치학회」 내 4개 분과모임의 명칭을 중국Study, 일본Study, 러시아Study, 미국Study로 확정

3월 14일 제8차 창립준비책임자회의

 - 회원모집 현황: 정회원 12명/준회원 13명/인터넷 Cafe회원 40명

3월 15일 제9차 창립준비책임자회의

– 학회명칭을 「동북아정치학회」로 개명

– 오수열(정치외교학부 교수, 중국정치)와 기광서(정치외교학부 교수, 북러
관계)를 공동지도교수로 위촉

3월 20일 「동북아정치학회」 제1차 오리엔테이션(16명 참가)

3월 27일 「동북아정치학회」 제1차 정기총회

– 회칙과 간부 인준: 초대회장 임한필(정치외교학부98) / 이애란(북한학과98)

3월 29일 조선대학교 방송국 '동아리닷컴' 프로그램에 연구회 목적과 활동 소
개됨

4월 3일 「동북아정치학회」 창립식 – 장소: 사회대 210강당

– 회원모집 현황: 정회원 21명/준회원 21명/인터넷 Cafe회원 99명

4월 10일 – 「동북아포럼」 제1회 – 강의자: 임한필(정외3)

– 강의주제: 동북아정세를 통해서 본 한반도평화체제구축의 가능성

4월 13일 – 〈동구신문〉 「동북아정치학회」 취재

4월 14일 – 광주매일신문 11면 동북아정치연구회 창립식 사진과 기사 실림

4월 24일 「동북아·통일포럼」 제1회 정례포럼 〈사회대 204강당〉

– 주최: 동북아정치연구회, 통일21연구회

– 후원: 민주평화통일자문회의 광주동구협의회

– 초청강연자: 오수열(정치외교학부 교수)

– 강연주제: 변화하는 동북아정세와 중국의 역할

5월 8일 – 「동북아·통일포럼」 제2회 정례포럼

– 초청강연자: 왕임동(정치외교학부 교수)

– 강연주제: 동북아 국제정치환경과 남북관계

5월 14일 – 제1회 전국대학생 통일문제 학술회의 참여 〈발표자: 임한필〉

(주최: 민주평화통일자문회의 / 전남대학교 아태지역연구소)

「동북아·통일포럼」 제3회 정례포럼

– 초청강연자: 기광서(정치외교학부 교수)

– 강연주제: 구소련 한인의 민족정체성의 상실과 회복: 역사와 현재

5월 29일「동북아ㆍ통일포럼」제4회 정례포럼

  – 초청강연자: 정재호(윤상원연구소장)

  – 강연주제: 광주민중항쟁과 21세기 한국민주주의

6월 30일 – 제2회 동북아포럼 – 대주제: 미국과 중국의 정치외교정책

소주제: ① 미국의 세계인식과 외교시각 〈발표자: 임한필〉

7월 14일 – 제3회 동북아포럼

소주제: ② 21세기 미국의 군사전력과 미사일 방어 〈발표자: 이애란〉

9월 25일 – 제1회 동북아학술세미나 개최

장소: 사회대 201강당 / 후원: 조선대학교

  ■ 대주제: 동북아정세변화와 한반도평화 ■

  ▲ 미국의 대한반도정책: 김민수(동북아정치연구회원 01)

  ▲ 일본의 대한반도정책: 발표: 김민수(〃)/작성: 임한필(동북아정치연구회
  원 98)

  ▲ 중국의 대한반도정책: 발표: 정현승(동북아정치연구회원 00) 작성: 권영
  경(동북아정치연구회원 99)

  ▲ 동북아정세를 통해서 본 한반도평화체제구축 전망: 발표: 김아현(동북아
  정치연구회원 98) / 작성: 임한필(〃)

10월 30일 – 제1회 정학협 학술세미나 참가 〈21세기 한반도평화와 국제관계〉

발표주제: 미중시대의 대립과 갈등이 한반도에 미치는 영향

  – 정현승(동북아정치연구회원 00),

  – 토론자 참가: 김민수(동북아정치연구회원 01)

11월 1일 –「동북아ㆍ통일포럼」제5회 정례포럼 〈사회대 210강당〉

  – 초청강연자: 황병하(조선대 아랍어과 교수)

  – 강연주제: 이슬람과 서구사회: 갈등과 공존의 역학관계

11월 12일 – 중국Study 제18회 어학강의 (2002년도 종강)

11월 13일 – 「동북아 · 통일포럼」 제6회 정례포럼 〈사회대 203강당〉

  – 초청강연자: 김창수(민족화해협력범국민협의회 정책실장)

  – 강연주제: 남북정상회담 이후 남남갈등의 원인과 해결방안

11월 21일 – 일본Study 제19회 어학강의 (2002년도 종강)

11월 28일 – 미국Study 제20회 어학강의 (2002년도 종강)

11월 29일 – 러시아Study 제14회 어학강의 (2002년도 종강)

  – 정학협 제1차 정기총회: 5개연구회 통합논의

12월 4일 – 제19차 동북아전체모임 및 간부운영회의

〈동북아정치연구회와 통일21연구회 통합결정〉

학회를 통합하다

당시 조선대 정치외교학부와 북한학과 내에 많은 학회가 활동을 하였다. 학회가 통합을 해야 한다는 논의도 있었다. 그러한 논의와 함께 활동의 집중성을 위해서 통일21학회와 동북아정치연구회가 통합을 하여 한반도평화연구회라는 학회를 만들었다. 이 학회는 2001년 조선대에서 실시한 우수 동아리 공모에서 최우수상을 받았다. 많은 보람을 느꼈다.

■ 한반도평화연구회 활동 내력(2002) ■

2002년 1월 25일 통일21연구회와 동북아정치연구회 통합총회
* 통합모임 명칭확정 〈한반도평화연구회〉 및 임시 임원진 선출

2월 8일 2001년 조선대우수동아리공모전 최우수상 수상

3월 25일~4월 2일 신입회원 오리엔테이션(4일간, 총 7회)

4월 1일 2002년도 광주지역 대학생 통일문제 토론회

　－ 주최: 민주평화통일자문회의

　－ 장소: 조선대학교 서석홀 4층 대강당

　* 기조강연: 국민의 정부 4년 대북정책평가와 과제(오수열 지도교수)

　* 발표자: 북한의 강성대국 건설추이 및 대남·대외정책 변화와 전망(조원영
　　제3기)

　* 토론자: 임한필(제1기), 양진아(정외98)

4월 3일 2002년도 상반기 정기총회 － 제5대 간부진 선출: 제5대 회장－고강
인(제3기)

4월 30일 제2회 정치외교학부 학회연합 학술세미나

　－ 주최: 조선대학교 정치외교학부

　－ 장소: 조선대 사범대 연주홀 6층

　* 주제발표: 부시방한 이후 북미·남북관계 변화와 전망(고강인 제3기)

　* 토론자: 유기상(제4기)

5월 27일 제18회 한반도 정기포럼 － 주제: 통일과 우리시대

　－ 논문작성: 이관형(제1기)/발표자: 류은아(제4기)/토론자: 이윤경(제3기)

6월 3일 2002년 상반기 임시총회 － 제6대 간부진 선출: 제6대 회장 － 조원
영(제3기)

9월 5일~6일 제5회 세미나 준비를 위한 서울 방문(회원 4명)

　－ 통일부, 민화협, 경남대북한대학원, 북한자료센터, 국회도서관

9월 10일 제19회 시사토론 － 주제: 최근 북일관계 현황과 전망

9월 11일~13일(2박 3일) 통일교육원 대학생통일교육연수 참가(회원 15여 명)

9월 17일 제20회 시사토론 － 주제: 양심적 병역거부를 어떻게 볼 것인가?

개인적으로는 대학에 다니면서 많은 어려움이 있었고 또 공부만 하면서 보내자는 생각도 하고 고시공부를 해서 뭔가 인생의 돌파구를 찾고자 생각하고 준비를 하기도 했다. 허나 학회창립과 활동, 북한학과 비대위 활동 등으로 다시 현장 속으로 개입하게 되고 하면서 만들어지는 사람과의 관계와 다양한 성과들이 그나마 만족감을 갖게 했다.

복학해서 2년간 법학을 복수전공 신청해서 상당시간을 법학공부 하는 데 시간을 할애했다. 헌법, 노동법, 국제법, 형법 공부를 즐겁게 할 수 있었으며 민법, 상법, 행정법 등은 어려웠다. 2002년 12월에 가고 싶었던 경남대학교 북한대학원 석사과정에 합격하였다. 2003년에는 광주를 벗어나 서울에 올라가서 북한학을 더욱 전문적으로 공부할 수 있는 기회가 주어졌다.

아래의 내용은 내가 학회 후배 회원들에게 권장하기 위한 도서목록이다. 대학 재학 중에 읽었던 나의 도서목록이기도 하다.

■ 대학생 기본 교양서 ■

필독도서
- 『현대국제정치론』, 한스 J. 모겐소, 법문사
- 『국제정치이론』, 케네스 월츠, 사회평론
- 『문명의 충돌』, 새뮤얼 헌팅턴, 김영사

- 『희망과 도전』, 모함마드 하타미, 도서출판 주류성
- 『문명의 공존』, 하랄트 뮐러, 푸른 숲
- 『세계화의 덫』, 한스 피터 마르틴, 영림카디널
- 『세계의 화두』, 이대훈, 개마고원
- 『21세기와의 대화』, 송두율, 한겨레신문사
- 『반세기의 신화』, 리영희, 삼인
- 『다시쓰는 한국현대사』, 박세길, 돌베게
- 『역사는 끝났는가』, 송두율, 당대
- 『역사란 무엇인가』, E.H 카아, 범우사
- 『국제정치패러다임』, 박재영, 법문사
- 『더러운 손』, 조지프 나이, 동아일보사
- 『근대세계체제 I II III』, 월러스타인, 까치
- 『좌파와 우파를 넘어서』, 앤서니 기든스, 한울
- 『정치사상사 1, 2』, 조지 세이번·토머스 솔슨, 한길사
- 『圖說 역사의 연구』, 아놀드 토인비, 일지사
- 『세계사 편력 1, 2, 3』, J. 네루, 일빛
- 『국제분쟁의 이해』, 조지프 나이, 한울아카데미

강력추천도서
- 『유토피스틱스』, 이매뉴얼 월러스타인, 창작과 비평사
- 『이행의 시대』, 이매뉴얼 월러스타인, 테렌스 K 홉킨스, 창작과 비평사
- 『역사의 종말』, 프란시스 후쿠야마, 한마음사
- 『강대국의 흥망』, 폴 케네디, 한국경제신문사
- 『21세기준비』, 폴 케네디, 한국경제신문사
- 『권력이동』, 앨빈 토플러, 한국경제신문사
- 『제3의 물결』, 앨빈 토플러, 한국경제신문사

- 『세계자본주의의 위기』, 조지 소로스, 김영사

- 『제3의 길은 가능한가』, 노베르토 보비오, 새물결

- 『제3의 길은 없다』, 에릭 홉스봄 외, 당대

- 『외교정책의 이론과 이해』, 김달중, 오름

- 『세계화』, 올리비에 돌퓌스, 한울

- 『자본주의 이후의 사회』, 피터 드러커, 한국경제신문사

- 『열린사회와 그 적들』, 칼 포퍼, 열린책들

- 『서구의 몰락 1, 2, 3』, 오스발트 슈펭글러, 범우사

- 『문화와 제국주의』, 에드워드 사이드, 도서출판 창

- 『자본주의 종말과 새세기』, 기 소르망, 한국경제신문사

- 『위기의 지구』, 엘고어, 삶과 꿈

- 『영화로 쓰는 20세기 세계경제사』, 이재광, 혜움

- 『영화의 역사』, 까치

- 『영화에 대해 알고 싶은 두 세가지 것들』, 구회영, 한울

- 『신좌파의 상상력』, 조지 카치아 파카스, 이후

- 『정치의 전복』, 조지 카치아 피카스, 이후

- 『인터넷과 사이버사회』, 이재현, 커뮤니케이션북스

- 『물질문명과 자본주의 1-6』, 페르낭 브로델, 까치

- 『극단의 시대』, 에릭 홉스봄, 까치

- 『자본의 시대』, 에릭 홉스봄, 한길사

- 『혁명의 시대』, 에릭 홉스봄, 한길사

- 『제국의 시대』, 에릭 홉스봄, 한길사

- 『20세기 경제 100년을 읽는 22가지 Keyword』, 구본호, 정운영 외, 중앙일
  보 Economist

- 『핵무기와 외교정책』, 헨리 키신저,

- 『세계화, 정보화 그리고 민주주의』, 강정인, 문학과 지성사

- 『민주주의와 그 비판자들』, 로버트 달, 문학과 지성사

- 『정치사상사』, 존모로, 을유문화사

- 『콜린 파월의 자서전』, 콜린 파월, 샘터

- 『아랍 민족 지도자의 후세인 대통령』, 후아드 마타르, 진영출판사

- 『20세기를 움직인 지도자들』, 리처드 닉슨, 을지서적

- 『키신저 회고록 백악관 시절』, 키신저, 문화방송·경향신문

- 『간디자서전』, 간디, 한길사

- 『리콴유자서전』, 리콴유, 문학사상사

- 『자유를 향한 머나먼 여정 上, 下』, 넬슨 만델라, 아태평양출판사

- 『심마니 세계사』, 이영세, 도서출판 역사넷

- 『세계사 신문 ① ② ③』, 세계사신문편찬위원회, 사계절

- 『연표와 지도로 읽는 20세기 세계사』, 마르크누쉬, 이끌리오

- 『제국의 신화』, 잭 스나이더, 서울프레스

- 『20세기 역사』, 마이클 하워드 로저 루이스, 가지않은 길

- 『혁명의 문화사 (프랑스 혁명에서 사빠띠스따까지)』, 강내의 외, 이후

- 『새천년, 새 세기를 말한다 1, 2』, 한겨레 21세기 특별기획팀, 한겨레신문사

- 『20세기의 문명과 야만』, 이삼성, 한길사

- 『제3의 길 그 주장과 쟁점 기든스와의 대화』, 앤소니 기든스, 크리스토퍼 피
  어슨, 21세기 북스

■ 『한반도』 회원의 기본서 ■

필독도서

- 『동북아경제권과 한반도발전 전략』, 나라정책연구회, 길벗

- 『동북아정치경제협력론』, 오수열, 이계만, 조선대학교출판부

- 『동아시아 발전모델은 실패했는가』, 한국정치연구회, 삼인

- 『두개의 코리아』, 돈 오버도퍼, 중앙M&B

- 『21세기의 인권 I II』, 한국인권재단, 한길사

- 『동아시아의 평화와 인권』, 역사비평사

- 『유교자본주의 운명과 대안』, M. FujiMoRi 외 2인 共著, 시공아카데미

- 『동북아정세와 민족통일의 진로』, 한겨레사회연구소, 백산서당

- 『중국과 미국 〈패권의 딜레마〉』, 헤리하딩, 나남출판

- 『아시아대예측』, 임양택, 매일경제신문사

- 『아시아·태평양 (1998–1999)』, 서울국제지역원, 서울대학교 출판부

- 『동아시아: 위기의 정치경제』, 백광일, 윤영관, 서울대학교 출판부

- 『동양적 근대의 창출』, 히야마 히사오, 소명출판

- 『동아시아경제론』, 권태한, 배용호, 서울대학교 출판부

강력추천도서

- 『난징대학살』, 아이리스 장, 끌리오

- 『한반도 운명에 관한 보고서』, 김영사

- 『새로운 현대북한의 이해』, 이종석, 역사비평사

- 『한반도 통일국가의 체제구상』, 한겨레신문사

- 『통일한국의 외교안보』, 이태환, 세종연구소

- 『러일전쟁연구』, 강성학, 고려대출판부

- 『독일통일백서』, 베르너 바이덴펠트, 한겨레신문사

- 『유럽중심주의』, 사미르 아민, 세종출판사

- 『민족주의의 기원과 전파』, 앤더슨, 나남

- 『한국 민족주의의 조건과 전망』, 최장집, 나남

- 『남북한 민족주의 비교연구』, 박호성, 당대

- 『현재북한의 지도자: 김일성과 김정일』, 서대숙, 청계연구소

- 『소련과 중국』, 송두율, 한길사
- 『민족은 사라지지 않는다』, 송두율, 한겨레신문사
- 『한국외교사 I II III』, 한국정치외교사학회, 집문당
- 『21세기 동아시아와 한국』, 이상우, 오름
- 『아시아와 세계화』, 세종연구소
- 『아시아의 분쟁』, 박종귀, 새로운 사람들
- 『트랜드 2005』, 마이클 마자르, 경영정신
- 『북한—중국관계 (1945-2000)』, 이종석, 중심
- 『국제질서의 전환과 한반도』, 김덕, 오름
- 『동방정책과 독일의 재통합』, 빌리 브란트, 하늘땅
- 『독일통일과 동독의 대건과정』, 김영탁, 한울아카데미
- 『동아시아 문제와 시각』, 정문길 최원식 박영서 전형준, 문학사 지성사
- 『동아시아사의 전통과 변용』, 고병익, 문학과 지성사
- 『동아시아 구비서사시의 양상과 변천』, 조동일, 문학과 지성사
- 『동아시아의 산업화와 민주화』, 신광영, 문학과 지성사
- 『동아시아인의 '동양' 인식:19~20세기』, 최원식 백영서, 문학과 지성사
- 『유럽 현대사의 제문제(1890~1945)』, 폴 헤이즈, 명경
- 『아직도 시간은 있다』, 게르하르트 슈뢰더, 생각의 나무
- 『세계외교사』, 김용구, 서울대학교 출판부
- 『동아시아연표』, 김안국, 청년사
- 『고대 동북아시아의 민족과 문화』, 김영수, 여강출판사
- 『동북아 제4집, 제5집』, 동북아문화연구원
- 『동양과 서양: 두 지평선의 융합』, 이광세, 길
- 『동아시아 문화와 사상』, 동아시아문화포럼, 열화당
- 『동아시아의 성공과 좌절』, 한국비교사회연구회

■ 남북한과 통일에 대한 올바른 이해를 위한 기본서 ■

필독도서

– 『두개의 코리아』, 돈 오버도퍼, 중앙M&B

– 『통일시대의 북한학』, 강정구, 당대

– 『분단시대의 통일학』, 이종석, 한울아카데미

– 『한반도 통일국가의 체제구상』, 한겨레신문사

– 『북한은 무너지지 않는다』, 시게무라 도시미츠, 지식공작소

– 『한국전쟁의 기원』, 브루스 커밍스, 일월서각

강력추천도서

– 『한반도 운명에 관한 보고서』, 김영사

– 『통일의 논리를 찾아서』, 송두율, 한겨레신문사

– 『북한학 개론』, 최성, 풀빛

– 『통일시대의 북한학 강의』, 박명서, 돌베게

– 『북한의 인식 1~12』, 최명, 을유문화사

– 『남북한 통일정책과 통일운동 50년』, 노중선, 사계절

– 『통일론 수난사』, 김삼웅, 한겨레신문사

– 『완전한 만남』, 김하기, 창작과 비평사

– 『또 하나의 조국』, 루이제 린저

■ 남북한과 통일에 관한 각 분야별 추천서 ■

정치 분야(통일 정책, 법 포함)

– 『남북한 민족주주의 비교연구』, 박호성, 당대

– 『김대중의 3단계 통일론』, 아태평화출판사

– 『공화국연합제』, 김대중, 학민사

– 『독일통일과 분단한국』, 극동문제연구소

– 『북한정치론』, 박재규, 극동문제연구소

– 『북한외교론』, 고병철 外 공저, 극동문제연구소

– 『분단50년과 통일시대의 과제』, 역사문제연구소, 역사비평사

– 『국가보안법의 개폐문제』, 남궁호경, 법과 사회이론연구회

– 『북한특수관계론』, 제성호, 한울아카데미

– 『국가보안법』

– 『북한법과 법이론』, 최종고 外, 경남대학 출판부

– 『통일한국의 외교안보』, 이태환 편, 세종연구소

– 『북한사회주의의 현실과 변화』, 이찬행, 두리

– 『남북한의 비교연구』, G.맥코맥, M.셀던, 일월서각

– 『통일 이렇게 합시다』, 유성하, 대동

경제 분야

– 『민족경제론』, 박현채, 한길사

– 『민족경제이론의 기초이론』, 박현채, 돌베게

– 『대중참여경제론』, 김대중, 산하

– 『한국경제의 뿌리와 열매』, 박세길, 돌베게

사회 · 문화 · 예술 분야

– 『상속받는 나라에 가다』, 이충렬, 살림터

– 『남과 북 어떻게 하나가 되나─한반도 통일의 현실과 전망』, 양호민 外 9인

– 『내가 만난 북녘 사람들』, 홍성자, 힘

– 『남북대화 백서』, 노중선, 한울아카데미

- 『통일된 땅에서 더불어 사는 연습』, 또 하나의 문화
- 『분단 반세기의 남북한의 사회와 문화』, 홍천봉 外 공저, 경남대 극동문제연구소
- 『북한사회 구조와 변화』, 고현욱 共著, 극동문제연구소
- 『더디가도 사람 생각 하지요』, 조광동, 살림터
- 『더디가도 우리식 대로 살지요』, 조광동, 정보믹스

역사 분야(인물 포함)
- 『현대북한의 지도자: 김일성과 김정일』, 서대숙
- 『전인민군 종군기자 수기』, 이인모(신준영 기록), 월간 말
- 『매우 특별한 인물 김정일』, 조영환, 지식 공작소
- 『인간 김정일, 수령 김정일』, 이찬행, 살림터
- 『김일성과 만주항일 전쟁』, 와다 하루끼, 창작과 비평사
- 『현대조선역사』, 사회과학원 역사연구소, 일송정
- 『근대조선역사』, 사회과학원 역사연구소, 일송정
- 『남부군 상, 하』, 이태

■ 중국Study ■

필독도서
- 『새롭게 쓴 중국현대사: 전쟁과 사회주의 변주곡』, 오쿠무라 사토시, 소나무
- 『13억의 충돌』, 이후
- 『신중국사』, 존 페어뱅크, 까치
- 『중국을 보는 제3의 눈』, L 루이링거, 소나무
- 『중국사회의 지속과 변화 (1550-1950)』, 로이즈 E 이스트만, 돌베게

- 『중국의 붉은 별』, 애드가 스노우, 두레

- 『중국의 어제와 오늘』,

- 『강택민시대의 중국』, 한홍석, LG경제연구원

- 『중국혁명사』, 서진영, 한울아카데미

- 『모택동사상론』, 김충렬, 공기두, 일월서각

- 『세계를 바꾼 일주일 〈닉슨 중공방문의 전모〉』, 종문각

- 『등소평 사후의 중국』, 하빈何頻, 연암출판사

- 『중국철학사』, 풍우란

- 『중국정치사상사』, 소공권,

- 『삼민주의』, 쑨원孫文, 범우사

- 『10億人의 나라』, 이영희, 두레

- 『20세기 중국사』, 히메다 미쓰요시 外, 돌베게

- 『새로운 황제들』, 해리슨 E. 솔즈베리, 다섯수레

강력추천도서

- 『중국의 신외교전략과 한중관계』, 이영주, 나남

- 『21세기 중국의 도전』, 중국역사유물주의학회, 매일경제신문사

- 『강택민과 중국정치』, 김영화, 문원

- 『등소평의 리더십과 중국의 미래』, 김영화, 문원

- 『21세기 중국사회의 전망』, 陸學藝, 주류성

- 『모택동 秘錄』, 산케이신문, 문학사상사

- 『중국경제사 (1368-1968)』, D.H.퍼킨스, 신서원

- 『중국의 선택 〈등소평외교와 4개근대화〉』, 한겨레

- 『중국백서』, 미국무성 刊, 전예원

- 『등소평 정치사상』, 김영문, 법문사

- 『모택동사상』, 김상협, 일조각

- 『중국의 이해』, 김인호, 세종출판사

- 『등소평 문선 上, 下』, 이문규, 인간사랑

- 『오늘의 중국대륙』, 유세희, 한길사

- 『이야기 중국사 1, 2, 3』, 김희영, 청아출판사

- 『중국사학사강의』, 유절, 신서원

- 『중국문화의 이해』, 이수웅, 김경일, 대한교과서(주)

- 『중국의 역사』, 볼프람 에베하르트, 문예출판사

- 『거시 중국사』, 황인우, 까치

- 『중국 역사 지리』, 류제헌, 문학과 지성사

- 『20세기 중국을 빛낸 위대한 여성, 송경령 上, 下』, 이스라엘 엡스타인, 한울

- 『중국의 개혁』, 중국학회, 21세기북스

- 『중국사회의 지속과 변화 (1550-1949)』, 로이드 E. 이스트만, 돌베게

- 『중국외교사 1-4』, 사익현, 지영사

■ 일본Study ■

필독도서

- 『일본보고서』, 신한종합연구소, 들녘

- 『일본전후경제사』, 강태현, 도서출판 오름

- 『현대일본의 해부』, 한배호 외, 한길사

- 『국화와 칼』, 루드 베네딕트, 을유문화사

- 『전쟁과 인간: 군국주의 일본의 정신분석』, 노다마사아키, 길

- 『현대일본정치론』, 길승흠, 서울대학교 출판부

- 『사죄와 망언사이에서 (전후일본의 해부)』, 카또오 노리히로, 창작과 비평사

강력추천도서

- 『일본, 허울뿐인 풍요』, 개번 매코맥, 창작과 비평사
- 『우리가 주목할 만한 일본영화100』, 전운혁, 삼진기획
- 『한일관계와 사회문화적 상호작용』, 사회문화연구소, 성공회대출판부
- 『인터넷으로 보는 일본문화 코드북』, 정숙경, 넥서스
- 『이야기 일본사』, 김희영, 청아출판사
- 『일본자민당파벌투쟁사』, 강태현, 무당미디어
- 『일본의 외교』, 이리에 아키라, 푸른산
- 『일본의 정치』, 무라마쓰 미치오 外, 푸른산
- 『국가주의를 넘어서』, 코모리 요우이치, 타카하시 테츠야, 삼인
- 『21세기 일본의 국가개혁』, 배성동, 서울대학교 출판부
- 『죽어가는 천황의 나라에서』, 노마필드, 창작과 비평사
- 『일본정치의 이해』, 김동국, 형설출판사
- 『일본근현대정치사』, W. G. 비즐리, 을유문화사

■ 러시아Study ■

필독도서
- 『러시아 21세기를 향한 도전』, 스티브 보일러드, 한울
- 『러시아현대정치사』, 이창주, 한울아카데미
- 『러시아의 선택』, 로즈 브래디, 자작
- 『러시아의 역사(1801~1976)』, 니꼴라이 V 랴자노프스끼, 까치

강력추천도서
- 『모스끄바여! 안녕, 우리는 지금 시베리아로 간다』, 김산환, 성하출판

- 『한국과 러시아: 관계변화』, 권희영, 국학자료원
- 『페레스트로이카』, 고르바초프, 시사영어사
- 『이야기 러시아사』, 김경묵, 청아출판사
- 『러시아 혁명의 진실』, 빅또르 세르쥬, 풀무질
- 『세계를 뒤흔든 10일』, 존 리드, 두레
- 『러시아 혁명사』, 김학준, 문학과 지성사
- 『푸틴 자서전』, N. 게보르, 外, 문학사상사

■ 미국Study ■

필독도서
- 『변화하는 미국경제, 새로운 게임의 룰』, 마리나 VN 휘트먼, 세종서적
- 『오만한 제국』, 하워드 진, 당대
- 『미국의 민주주의 I II』, 알렉시스 드 토크빌, 한길사
- 『현대미국외교와 국제정치』, 이삼성, 한길사
- 『미국정치의 과정과 정책』, 서정갑, 나남출판
- 『현대 미국정치의 이해』, 최명, 백창재, 서울대학교출판부
- 『미국의 역사』, 최웅, 길봉중, 소나무
- 『세계와 미국: 20세기의 반성과 21세기의 전망』, 이삼성, 한길사

강력추천도서
- 『부시행정부의 한반도리포트』, 장성민, 김영사
- 『미국경제사』, 주명건, 박영사
- 『미국의 핵정책과 새로운 핵보유국』, 로버트 D. 블랙월, 알버트 카너세일, 한울아카데미
- 『페더랄리스트 페이퍼』, 알렉산더 해밀턴, 제임스 매디슨, 존제이, 한울아카

데미

– 『미국의 아시아외교 100년사』, 김영흠, 신구문화사

– 『한미갈등의 해부』, 문창극, 나남

– 『미국은 우리에게 무엇인가 〈한미관계의 역사와 우리 안의 미국주의〉』, 강치
원, 백의

– 『이야기 미국사』, 이구한, 청아출판사

– 『미국사의 구조 (국민형성과 민주주의의 사회적 조건)』, S.M. 립셋, 한길사

– 『이것이 미국이다』, 최혁순, 합동국제문화센터 출판부

– 『미국정치와 행정』, 함성득, 남유진, 나남출판

– 『한반도 핵문제와 미국외교』, 이삼성, 한길사

■ 간행물 및 기타 자료 ■

간행물
– 한국정치학회보 (한국정치학회)

– 국제정치논총 (한국국제정치학회)

– 외교 (한국외교협회)

– 월간 국제문제 (국제문제연구소)

– 극동문제 (경남대 극동문제연구소)

– 한국과 국제정치 (경남대 극동문제연구소)

– 현대북한연구 (경남대 북한대학원)

– 국가전략 (세종연구소)

– 한국동북아논총 (한국동북아학회)

– 계간 사상 (사회과학원)

– 계간 창작과 비평 (창작과 비평사)

– 계간 역사비평 (역사문제연구소)

– 계간 경제와 사회

– 계간 당대비평

– 월간 말

– 신동아

– 월간 중앙

– 월간 조선

– 월간 민족21

각종 매스미디어

– 신문: 한겨레신문, 동아일보, 중앙일보 등

– TV: MBC 100분토론 (목요일 오후 11: 00)

　　　 KBS 심야 토론 (토요일 오후 10: 35)

　　　 KBS 길종섭 토론 (목요일 오후 10: 00)

　　　 EBS 미래토크 (일요일 9: 50)

　　　 EBS 움직이는 세계 (수요일 9: 50)

– 인터넷: 외교통상부, 국가정보원, 세종연구소, 청와대, 평화문제연구소, 경
남대 극동문제연구소(북한대학원), 통일학연구소, 평화 네트워크

PART
5

북한학
전문가 되기
(2003~2005)

북한 연구의 메카, 북한대학원

2003년 33세의 나이에 서울 삼청동에 있는 경남대 북한대학원에 들어갔다. 여전히 늦깎이 배움의 길이었다. 경남대 극동문제연구소가 함께 있는 곳으로 북한학에 대한 많은 정보와 자료가 있는 역사가 깊은 곳이었다. 다행히 장학금을 받고 대학원에 다니게 되었고 조교 일을 하면서 생활하는데 큰 어려움은 없이 보내게 되었다. 술도 많이 먹었다. 공부하는 만큼 술도 먹었다. 아마도 지금까지 먹었던 술을 합했을 때 보다 북한대학원에 다니면서 1학기, 2학기에 먹은 술의 양이 더 많을 것이다. 공부하면서 때로는 조교 일을 하면서 대학원에서 밤늦게 또는 날을 새기도 하고 작은 접이식 침대를 가져다 놓고 자기도 했다. 집보다 더 편한 느낀 곳이다.

북한대학원에 들어온 박사 과정과 석사 과정 학생들은 상당수
가 통일부, 기자, 고위 공직자, 군인, 탈북자, 시민단체 활동가 등
전문적인 지식과 경험을 갖춘 분들이었다. 토론 때는 그 경험과
지식의 바탕으로 다양한 의견과 논의가 있었다. 나는 전업 조교
로 들어왔다. 당시 전업 조교는 10여 명이 있었는데 다른 직업을
갖지 않고 공부만을하기 위해 온 학생들이다. 대부분 '북한도시연
구'라는 3년짜리 큰 프로젝트에 조교로 활동했다. 수업 시간이 기
다려졌고 또 토론에 진지하게 참여했다.

북한대학원에는 쟁쟁한 교수진이 있었다. 총장님에는 김대중
정부 시절에 통일부장관을 하시고 남북정상회담을 준비하고 수
행하신 박재규 총장님, 나의 지도교수님이시자 북한연구에 있어
서 미시적 접근 방법을 개척하신 최완규 교수님, 이후 박근혜정
부에서 통일부장관을 하신 낭만파이자 의리파이신 류길재 교수
님, 북한군사연구의 대가이신 함택영 교수님, 북한연구방법에 대
한 다양한 연구를 하신 구갑우 교수님, 북한 경제에 대한 심층적
연구를 하신 양문수 교수님, 북한 연구에 대한 사회문화적 접근
의 지평을 넓힌 이우영 교수님, 한국정치에 있어서 북한이 미치
는 영향에 대해 연구하신 신종대 교수님, 북한 협상의 양태를 분
석하신 양무진 교수님이 계셨다.

극동문제연구소의 윤대규 소장님, 현대사에 있어서 좌파 활동
가들과 당에 대한 깊이 있는 연구를 하신 심지연 교수님 등이 계
셨다. 그리고 내가 개인적으로 많이 따른 북한에 대한 균형적인
시각과 깊이 있는 성찰을 언론을 통해 많이 보여주신 김근식 교
수님과 금호고 선배이신 김갑식 교수님이 계셨다. 그리고 '북한
도시연구' 프로젝트의 핵심멤버이셨으며 탈북자 면접의 대가이며
북한을 북한 사람보다 더 잘 알고 계셨던 최봉대 교수님, 한없는
천사이셨던 구수미 교수님 등 잊을 수 없는 분들이 한 공간에서
함께하셨다.

동유럽 현장 답사를 가다

북한대학원에서는 당시 해마다 조중 접경 지역의 협장답사를
여름방학 때 진행하여왔다. 2003년에는 사스 때문에 중국으로
갈 수 없었다. 그래서 만들어진 기획이 동유럽 현장 답사였다. 이
행사를 조교를 하면서 준비하고 현지에서 진행했다. 나에게 참으
로 알찬 경험이었다. 독일의 분단의 상징인 브란덴부르크 광장
과 무너진 장벽의 모습, 벽화 등을 잊을 수가 없다. 베를린자유대
학에서 있었던 송두율 교수님과의 만남과 강연, 드레스덴의 아름
다운 고궁 그리고 체코 프라하와 헝가리의 부다페스트, 폴란드의
아우슈비츠수용소 등 '역사가 무엇인가', '인생이 무엇인가', '이념

이 무엇인가', '자유란 무엇인가' 등 많은 화두와 함께 내 삶의 목
표와 과정을 돌아보는 시간이었다.

2003년 베를린 장벽 벽화

당시 폴란드 한국 대사로 있었던 송민순 대사님(이후 외교통상부
장관 역임, 현재 북한대학원대학교 총장)의 초청으로 관저에 가서 만찬을
하는 자리를 가졌다. 현장답사의 일원이셨던 황철준 장군님의 친
구이셨던 송민순 대사님은 폴란드에서 함께 근무하는 북한의 김
평일 대사(김정일 국방위원장의 이복동생)에 대한 얘기 등 다양한 경험
담을 들려주셨다. 그리고 폴란드 한국 대사관의 규모가 폴란드
다른 대사관보다 크고 멋지다는 것과 함께 궁전과 같은 곳에서

알프레도라는 폴란드인 일꾼(하인)의 충직한 모습을 보면서, 한국의 국력이 이 정도인가 하는 생각이 들었다.

황장엽 선생을 만나다

북한대학원에는 북한과 연관된 꽤 유명하신 분들이 특강을 오신다. 임동원 전 통일부장관 등도 오시고 북한에서 오신 가장 고위직이신 황장엽 선생님도 오셨다. 황장엽 선생님은 개인민주주의와 집단민주주의를 분리하시면서 이 두 개의 민주주의가 합해져야 한다고 하셨다.

나는 근본적으로 집단과 민주주의는 공존할 수 없는 가치를 가지고 있는 단어이므로 이를 하나로 보고 이해하기에는 어려운 부분이 있다는 등 강의 시간에 여러 질문을 드렸다. 이를 좋게 보셨는지 황장엽 선생님을 수행하는 분(국정원 직원)이 황장엽 선생님께서 나를 따로 만나자고 하시면서 강남에 있는 사무실 주소와 시간을 주셨다. 찾아가서 황장엽 선생님을 뵙고 별도 얘기를 나누고 일주일에 한 번씩 비공개 강좌가 있는데 들어보지 않겠냐고 제안을 해서 북한의 주체사상과 공산주의 이론가이신 황 선생님께 깊이 있는 강의를 듣는 것도 의미가 있을 것 같아 그렇게 하겠다고 했다.

그 강의에는 특이하게도 한국의 보수 이론가, 교수, 전문가, 시민단체 활동가 등 주로 극우 보수 그룹에 해당되시는 분들이 황장엽 선생님의 마르크스 공산주의 이론 교육을 받고 있었다. 참으로 기이한 현상이었다. 이젠 좌파에서도 잘 공부하지 않는 내용을 보수주의자들께서 북한에서 넘어오신 황 선생님께 강의를 듣고 있다는 게 역사의 아이러니였다.

나는 1년 정도 교육을 받았고 이후에 황장엽 선생님께서 단체를 만들려고 하시는데 대학생 부분을 맡아서 조직 하는 게 어떻겠느냐는 제안을 황 선생님께 받았다. 내가 황장엽 선생님을 통해 공부는 할 수 있어도 이념적으로나 성향이 맞지 않았기 때문에 구체적인 조직 활동까지는 어렵다고 말씀드리고 강의 듣는 것도 멈췄다.

여하튼 나에게 좋은 경험이었으며 향후에 분단된 나라의 지식인으로서 철저한 이론가이자 비운의 지식인이었던 황장엽 선생님에 대한 사상적 일대기를 책으로 써보겠다는 생각을 가질 정도였으니 말이다. 안타깝게도 황장엽 선생님은 수년전에 돌아가셨다. 나에게 정말로 좋은 기회를 주셔서 지금도 감사한 마음을 가지고 있다.

탈북자를 통해 북한을 보다

북한대학원에서는 한국학술진흥재단의 지원을 받아서 북한의 청진, 신의주, 혜산 3개 도시의 변화되는 모습을 탈북자의 면접을 통해서 추적하는 대형 프로젝트를 진행하였다. 책임연구원으로 최완규 교수님이 주도를 하셨다. 실무적으로 최봉대 교수님이 이끄셨다.

최봉대 교수님은 굉장히 철저한 학자셨다. 탈북자를 면접하다가 보면 잘 알지 못하는 부분도 아는 것처럼 얘기하는 분도 계시고, 북한의 폐쇄성 때문에 북한 사정을 잘 모르고 있다가 탈북을 하고 남한에 와서 북한의 시스템에 대해 아는 경우도 많다. 그러다 보니 면접 과정에서 정확한 정보를 얻기가 어려운 경우가 있다. 이럴 때 최봉대 교수님은 잘못된 정보를 준다든가 거짓말을 하는 경우에 날카롭게 지적을 해서 탈북자분들을 당황하게 만드는 경우가 종종 있었다. 그 정도로 많은 정보를 가지고 분석한 분이셨다.

북한에 대한 심층적인 연구를 위해서 중국 북경과 연길, 훈춘을 2004년도에 방문했다. 북경에서는 처음으로 천안문 광장을 둘러보았다. 그리고 모택동 기념관을 둘러보았다. 개인적으로 모택동에 관한 책을 많이 봤다. 밖을 한 번도 나가지도 않고 국내에

서 자생적으로 성장한 공산주의자 모택동은 가장 중국적인 인간
이라고 생각한다.

2004년 천안문을 뒤로하고

　문화대혁명 시절 많은 사람들이 죽고 홍위병에 의해 죽기도 하
고 다치기도 해서 서구 사회에서 부정적인 인식도 있다. 그러나
모택동 기념관에 이른 아침부터 매일 2킬로미터 이상을 줄을 서
서 참배를 드리는 중국인들을 보면서 여전히 중국은 이념적으로
모택동을 중심으로 뭉쳐 있구나 하는 생각이 들었다. 굽이치는
만리장성도 보았다. 중국 역사에 심취해 있던 고등학교 때 언젠
가는 중국에 꼭 가야지 생각했었다. 꼭 가고 싶은 나라 1순위가
중국이었다. 그 소원을 풀게 된 것이다.

2004년 굽이치는 만리장성

　석사 학위 논문을 썼다. 주체사상의 '인간문제'에 관한 연구였다. 주체사상의 가장 근원적인 문제였다. '인간문제'에 대한 논쟁이 동구사회주의권에서 50년대와 60년대에 있었으며 그러한 문제의식이 북한에 이식되어서 북한식 사상 논쟁이 벌어지기도 하면서 주체사상의 철학적 근간이 되었다는 문제의식에서 출발했다.

　처음에는 50대와 60년대에 동구사회주권에 유학을 간 사람들의 명단을 파악하고 그런 사람들이 북한으로 돌아와서 어떠한 역할을 했는지를 분석하는 과정 등을 연구할 생각이었으나 자료 부족 등으로 만족할 만한 성과를 만들지는 못했다. 개인적으로 북한 연구에 대한 지평을 넓히고 중학교 때부터 들어가고 싶었던

고려대학교 정치외교학과 박사과정과 경남대학교 북한대학원(현
재 북한대학원대학교) 박사과정에 원서를 넣었다. 둘 다 합격을 했다.
최완규 지도교수님과 함택영 교수님과의 상의를 통해서 고려대
학교에 가기로 결정했다. 하여 새로운 곳에서 새로운 공부를 시
작하게 되었다.

2004년 북한대학원 연구실

PART
6

고려대를
들어가다
(2007~2009)

나의 스승, 김병곤

어디 글에서 보니 학문을 하는 사람에게는 자신을 밀어주는 스
승이 중요하다고 했던 것 같다. 나에게는 고려대학교에서 정치외
교학과 교수이자 나의 지도교수이신 김병곤 교수님의 배려와 관심
으로 공부와 생활을 여유 있게 할 수 있었다. 고려대 정외과를 나
와서 세계적인 명문 대학인 영국 캠브리지 대학에서 홉스 연구로
박사학위를 받으시고 모교로 오셔서 제자를 양성하시고 계신다.

정치사상이라는 것이 그렇게 인기 있는 분야는 아니지만 정치
학을 하는 사람은 기본적으로 학습을 해야 하는 분야다. 나는 중
학교 때 플라톤이니 아리스토텔레스니 하면서 철학책을 보는 일

을 즐거워했다. 그래서 고려대 철학과를 가고 싶다는 생각이 들었다. 하지만 북한 및 통일 문제에 관심을 갖게 되면서 자연스럽게 정치외교학을 하게 되었고 최장집 교수님, 임혁백 교수님, 강성학 교수님 등 쟁쟁한 학자가 계시는 정치외교학과에 들어온 것을 무한한 자부심으로 생각한다.

그러나 수업은 처음부터 그렇게 만만하지 않았다. 공부의 양이 월등히 많아졌다. 그리고 대부분 영어 원서를 보고 하는 공부라 영어 실력이 유창하지 않은 나에게 큰 부담이었다. 영어는 중학교, 고등학교 초까지 잘했지 공부를 놓은 지가 오래되어 모든 게 가물가물했다. 그런 가운데 함께 병행을 하고 있는 사단법인 24반 무예 경당 협회 사무총장 일이 생각 이상으로 많아졌다. 사무총장 직이 내가 돈을 받고 보내는 일이 아니고 그야말로 봉사이다. 아니 오히려 많은 돈을 드려서 굴러가게 만들고 일을 키워야 하는 역할을 하고 있었다. 그러다 보니 시간이 서로 너무 부족했다.

문무겸전의 길을 다시 묻다

처음으로 무예 하는 일을 그만 두어야 하나 생각했다. 한편으로는 공부를 그만두어야 하나 하는 생각도 가졌다. 문무를 겸전하겠다고 목표를 정했는데 실질적으로는 불가능한 두 마리의 토

끼를 쫓는 것은 아닌지 생각이 들었다. 갈등이 생겼다. 그리고 그 문제를 해결하기 위한 스스로의 결정 능력이 떨어졌다. 지금까지 내가 나 자신의 삶을 주동적으로 개척하며 살았다고 생각했는데 이번 일은 주체적으로 판단을 하지 못했다. 답을 찾지 못하고 있을 때 함께 조교실에 있었던 조교가 나에게 유명한 점집을 세 곳 소개해 주었다.

하나는 사주를 하나는 관상을 보는 그리고 하나는 무당이 하는 점집이었다. 6개월에 걸쳐 —예약이 밀려있어서 기간이 오래 걸렸다— 세 곳을 돌아다녔는데 결론은 같았다. 지금까지 공부를 하면서 무예 활동을 계속한 것은 잘한 일이었다. 앞으로도 함께 같이 해나가야 한다는 것이었다. 그리고 몇 년 후 새로운 시민단체에서 일을 해나갈 것이라고 했다. 일단은 마음이 안정이 되었다. 힘들어도 문무겸전의 길을 가자고 다시 다짐했다.

시간이 부족한 탓에 공부를 잘하기 위해서 무예를 하고 무예를 잘하기 위해서 공부를 해야 한다는 나의 신념은 잠시 흔들렸지만 다시 마음을 다잡았다. 그리고 몇 년 후 시작하게 된 새로운 시민단체의 활동은 바로 내가 현실 정치인으로 들어설 수 있도록 경험과 기회를 주었다. 나는 김대중 前 대통령님의 정신과 철학을 계승하기 위해 2010년에 결성된 사단법인 행동하는 양심에서 활동 했던 것이다.

아버님의 새마을 운동, 글이 되다

고려대에서의 생활을 안정을 찾아갔다. 내가 쓰고자 하는 논문의 방향도 정했다. 박정희 정권에서 1970년대부터 시작된 새마을 운동이 어떻게 전개가 되었으면 주민들의 자발적인 참여를 어떻게 이끌어 왔는지와 그것을 통해서 국가의 권력은 어떻게 강화가 되었는지 살펴보고자 했다.

2007년
고려대 사무실

새마을 운동에 내가 특별하게 관심을 가지게 된 것은 아버님께서 18년간 마을 이장을 하실 때가 주로 1970년대였는데 어린 시절에 동네 회의를 하고 울력을 나가고 동네 풀을 베거나 청소하는 그러한 현장을 직접 많이 겪었기 때문이었다. 구술을 통해서 그 당시 참여한 사람들의 심리적 상황에 대해 많이 분석하고자 했다. 둘론 향후에 김병곤 지도교수님과의 상의를 통해서 몽양

여운형의 정치사상에 대해 쓰기로 재정리되었다.

새는 좌우의 날개로 난다

정치사상을 공부하면서 항상 나의 문제의식은 진보와 보수의 이념적 갈등 문제를 어떻게 극복하느냐는 것이었다. 민족화해협력범국민협의회 리뷰에 2011년에 기고된 아래의 글은 나름 혜안을 찾아보자는 내용이다.

[서평] 상생, 진보와 보수의 시대적 소명이다

새는 좌우의 날개로 난다

얼마 전에 우리 시대의 큰 스승이자 '실천하는 지성인'이셨던 리영희 선생께서 작고하셨다. 리영희 선생이 쓰신 『전환시대의 논리』 등의 수많은 저서는 암울했던 시대의 등불이었으며, 사고의 전환을 가져다 주었다. 그중 하나로 『새는 좌우의 날개로 난다』는 책이 있다.

개인적으로는 이 책의 내용뿐 아니라 제목이 우리 사회에 가져다주는 함의는 대단히 크다고 본다. 특히나 한국의 정치사에서 50년 동안 보수가 정권을 잡다가 최근 10년간 진보가 정권을 잡고 다시 보수로 넘어간 지금의 시점에서 좌와 우 또는 진보와 보수의 이념적 가치를 살펴보고 각기 국가의 정책비전을 토론하고 차이점과 공통점을 모색해 나가는 것은 좀 더 성숙된 정치 문화를 만들어 가는 데 중요한 기회가 될 것이다.

그러한 기회를 제공할 책이 최근에 발간되었다. 대한민국의 미래를 누가, 어떻게 이끌어갈 것인가라는 문제의식 속에 이창곤 기자가 기획하여 《한겨레》에 연재된, '진보와 보수, 미래를 논하다' 대담을 수정하고 보완하여 엮은 책이다. 이 책은 국가 비전, 분배 전략, 성장 전략, 사회민주화, 정치 개혁, 진보와 보수의 미래 논쟁 및 특별 대담 등으로 구성되어있다.

이 책이 돋보이는 것은 우리 사회의 진보와 보수 진영에서 활동하고 있는 학자, 지식인, 정치인, 시민 활동가 등이 모여서 사회의 현안뿐 아니라 각 진영의 본질적인 문제의식을 과감하게 토론하고 또 서로의 합의점을 찾기 위해 노력하였다는 것이다.

분단 체제에서 진보와 보수의 형성 과정

그러나 우리 사회에서 진보와 보수를 가르고 그 속에서 양진영의 사상, 이념, 정책을 논의하는 데 있어서 발생되는 큰 중요한 걸림돌이 있다. 백낙청 교수가 이번 논쟁의 말미에서 지적하였듯이 "한국에는 제대로 된 진보주의자도 부족하고 정말 보수주의자로 인정할 만한 사람도 너무 적은 게 문제"라는 것이다.

그뿐만 아니라 한국현대사 60년의 과정에서 많은 지식인과 정치인이 진보와 보수의 이념적 영역을 넘나들었다. 20대, 30대 진보적 지식인이 40대 이후 기성세대가 되면서 보수적으로 변모한다. "20대에 사회주의에 심취하지 않으면 감정이 메마른 것이요, 40대에 사회주의에 심취한 것은 어리석음 때문이다"라는 격언이 대한민국이라는 사회에서 유독이 맞아떨어지는 이유는 바로 60년 가까이 이념적, 정치적, 지형적으로 남북이 갈라져 있는 분단체제 때문일 것이다.

분단 체제의 상황에서 진보와 보수, 보수와 진보는 각자의 방식으로 만들어졌다. 한국현대사에서 진보와 보수가 형성되는 과정을 세 가지로 구분할 수 있다고 생각한다. 하나의 부류로 해방 이후 좌우 대립과 갈등 그리고 한국전쟁을 통한 이념적 상흔은 곧 태생적 진보와 보수 세력을 키워왔다. 당시 부모나 가족의 피해와 상처는 다음 세대를 감정적인 또는 극단적인 진보와 보수로 만들어왔다. 또 하나의 부류로 꾸준한 학습과 실질적인 경험 등을 통해서 점진적으로 형성된 진보와 보수이다.

이들은 분단 체제에서의 다양한 경험을 나름대로 객관화하고 서구적인 이론과 틀을 수용하면서 자신의 이념적 편린을 쌓아온 부류이다. 때로는 가장 합리적이면서도 때로는 한국적이지 못하며 비현실적인 구도를 만들어오기도 했다. 마지막으로 시대적 상황에 따라서 진보와 보수의 영역을 수시로 넘나들고 있는 이념적 부유(浮游)층이다. 지나치게 현실의 논리에 매몰되어있으면서 진보와 보수를 자신의 출세와 영욕의 도구로 활용하는 지식인이나 정치인이 이 부류에 속한다고 할 것이다.

분단 체제 극복을 위한 진보와 보수의 상생
우리 사회의 진보와 보수를 단편적으로 이 세 가지의 형태로 재단할 수는 없을 것이다. 중요한 것은 과거에 무엇이었는가가 아니라 현재 어떠하며 미래에 어떻게 나아갈 것인가이다. 모든 논쟁에서 중요한 것은 자신의 사상적 이념적 틀이 현재 분명해야 한다는 것이며 그래야만 상호 합의점들을 도출할 수 있다는 것이다.

또한 이러한 논쟁에서 중요한 것은 '사실'에 근거해야 한다는 것이다. 보수의 안병직 교수나 진보의 백낙청 교수의 대담에서 가장 강조되는 부분이자 동일한 출발점이다. 진보 세력이든 보수 세력이든 어떤 사안이든지 사실에 근거를 둔 그래서 거기서 출발하는 운동과 논쟁이 이루어져야 한다. 자신의 논리나 이익을 위해서 사실을 왜곡하고 선동하는 것은 또 다른 폭력이다.

이 책의 논쟁에서 보여 지는 것처럼 진보와 보수의 가치는 다르기도 하지만 때론 공통점이 존재하면 그 철학적 기반도 비슷하거나 하나에서 출발했다는 것이다. 진보의 최장집 교수는 인권과 평등을 지켜 주는 자유주의가 뒷받침된 민주화를 강조하고 있다. 보수의 안병욱 교수는 보수의 이념이 자유주의라고 하고 있다. 각자 사용하는 자유주의라는 용어의 개념적 차이가 존재할 수 있겠지만 분단체제 이후 우리 사회가 추구해 나가야 할 가치를 모색하는 데 있어서 작은 실마리를 찾을 수 있는 부분이다.

보수의 박세일 교수가 지적한 것처럼 민주화·산업화 과정에서 권력 투쟁형 정치가 중심이었다면 앞으로 국가경영형 정치로 바꿔져야 한다고 생각한다. 서로 기간의 차이는 있을지언정 보수든 진보든 국가 경영의 맛을 봐왔다. 국민적 합의를 도출하고 국가의 비전을 창출하는 과정이 얼마나 어렵고 또 치밀해야 하는지를 경험하였다면 이젠 더 발전된 연대와 상생의 길을 진보와 보수는 찾아가야할 것이다.

우리가 진보와 보수를 얘기할 때 '진정한'이라는 수식을 붙이곤 한다. 그것은 우리 사회의 지식인 중에서 진보와 보수의 이념적 가치를 일관되게 주장하고 또 그 삶 또한 자신의 철학과 원칙에 맞는 길을 가는 경우가 드물기 때문이다. 지식인 뿐 아니라 정당이나 정치단체도 마찬가지다. 이는 곧 아직 우리 사회가 진보와 보수라는 이념적 구도 속에 정치문화가 형성되어 있지 못하다는 것이다.

1987년 민주화 운동 이후의 민주화를 고민하는 지금의 시점에서 자신을 성찰하고 타인의 논점을 존중하는 진정한 진보와 보수의 논쟁이 『진보와 보수 미래를 논하다』는 책을 통해 활성화되고, 분단 체제를 극복할 수 있는 진보와 보수의 상생을 위한 매듭이 잘 풀리길 바란다. 새가 좌우의 날개로 나는 것처럼, 상생이 곧 진보와 보수의 시대적 소명이다.

24반무예
사무총장으로
보내기

(2004~2015)

24반무예를 다시 시작하다

1997년에 경당을 그만둔 뒤로 간헐적으로 경당사범들을 만났다. 많은 사범들이 새로운 길을 걸었다. 1990년대 초반과 중반을 열정과 도전으로 함께 보내왔는데 아쉬움이 컸다. 그러나 경당사범답게 다들 자신의 새로운 자리에서 의미 있는 길들을 가고 있었다. 2000년대 초에 경당사범동우회 모임을 조직해서 몇 번 모임을 가졌다. 그리고 2003년도에는 대구 팔공산에서 40명 이상의 식구들이 모여서 지난날의 우정을 나눴다. 2004년 2월에 24반무예를 함께한 김재성, 김광식 사범과 치악산에 올랐다. 그리고 3월부터 수원에서 매주 토/일요일에 개최된 24반무예 상설공연에 동참했다. 근 6년 만에 잡아보는 목검이었다. 나는 당시 북한대학원에서 공부를 하면서 토, 일요일에는 수원에서 무예시범을 보였다. 참으로 즐거웠다. 경당사범동우회 카페운영을 통해 사범들과 소통도 하고 다시 지난 시절의 경당을 부활시켜 나갈 수 있는 원동력이 될 수 있을 것 같았다.

그러나 1990년대 후반에 생긴 임동규 선생님과 사범들 간 갈등의 불씨가 꺼지지 않고 있었다. 수원은 화성행궁이 있는 곳으로 정조대왕이 자신의 권력을 강화시키기 위해 장용영 군사를 조직해 운영도 하고 수도를 한양에서 화성으로 이동을 하려고 수원성도 쌓은 지역이다. 24반무예가 수록된 무예도보통지의 편찬이 정조대왕에 의해서 이루어졌고 그 무예를 오늘날 수원 화성행궁에서 복원하여 한다는 것은 수원시에서는 문화관광 상품화하기에는 아주 적절했다.

그래서 지원이 시작되었다. 그 지원을 끌어들이기 위해 수년간 많은 사범들이 수원에서 고생을 했다. 그 고생의 결과로 수원시 지원하에 정기시범이 2004년부터 시작된 것이다. 어떻게 보면 1990년대 후반 이후에 사그라진 경당을 다시 활성화시킬 수 있는 기회였다. 그러나 좋은 일에는 항상 마가 낀다고 했나. 수원 지역에서 당시 활동했던 사범들과 임동규 선생님간의 서로 소통이 부족하고 오랫동안 쌓여온 불신의 씨앗은 분열을 가져왔다. 선생님은 수원시청 홈페이지에 수원에서 활동하는 사범들을 강하게 비판하는 글을 올렸다. 수원을 이끈 책임 있는 사범은 몇몇 사범들과 논의하여 새로운 단체를 출범시키는 글을 수원시청 홈페이지에 올렸다.

서로 돌아올 수 없는 레테의 강을 건넜다. 나는 선생님과 수원의 사범들과 함께 가기를 바라며 서울 인사동 등에서 만남을 통해 중재를 시도했지만 골은 더 깊어갔다. 나는 수원시에서의 무예시범 활동을 그만두었다. 20대에 몸담았던 민족무예도장 경당이 분열되는 것을 절대 원치 않았다. 스승님과의 갈등도 언젠가는 풀어서 다시 큰 출발을 할 수 있을 거라 생각했다. 별도의 단체로 움직이게 되는 수원 무예팀과는 함께할 수 없었다.

24반무예의 유래와 구성

24반무예는 조선시대 제22대 군주인 정조대왕의 명에 의해 당시 최고의 실학자인 이덕무, 박제가와 당대 최고의 무인이었던 백동수가 주도하여 편찬한 『무예도보통지武藝圖譜通志』에 실린 스물네 가지 기예를 말하며, 조선시대 과거시험(무과시취)의 과목이자 군사들의 훈련교범으로 사용된 국방무예이다.

24반무예는 크게 18가지의 보병무예와 6가지의 기병무예로 구분할 수 있다. 크게 창법槍法, 검법劍法, 권법拳法으로 나눌 수 있으며, 그 세부 구성을 살펴보면 창법으로 장창長槍, 죽장창竹長槍, 기창旗槍, 당파鐺鈀, 기창騎槍, 낭선狼筅, 검법으로 쌍수도雙手刀, 예도銳刀, 왜검倭劍, 교전交戰부, 제독검提督劍, 본국검本國劍, 쌍검雙劍, 마상쌍검馬上雙劍, 월도月刀, 마상월도馬上月刀, 협도挾刀, 등패藤牌, 권법으로 권법拳法, 곤방棍棒, 편곤鞭棍, 마상편곤馬上鞭棍, 격구擊毬, 마상재馬上才 등으로 구성되어 있다.

24반무예는 중·근세에 이르기까지 중국, 일본, 조선 동양 3국을 대표하는 무예로서 총 24가지로 구성되어 있으며, 임진왜란 등 전쟁을 통해 실질적으로 전투에 활용되었던 내용을 근간으로 하고 있다. 또한 24반무예는 조선시대 후기에 확립된 '실사구시實事求是'의 정신을 담고 있는 '실학實學'이라는 학문의 바탕 위에서 재구성하여 무과시험 및 군사훈련용으로 사용되었던 국방무예이다.

사단법인 24반무예경당협회 사무총장이 되다

한 달간 고민하다가 민족무예도장 경당을 계승한 법인단체인 사단법인 24반무예경당협회의 사무총장을 맡아서 조직 재건에 나섰다. 나의 수많은 추억이 남겨진 경당 조직이 무너지는 것을 볼 수 없었다. 그리고 또 오기가 생겼다. 물론 공부에 전념해서 석사 이후 독일로 유학 가겠다는 그때 내 길에 문제가 생길 수도 있다는 생각을 했다. 어려운 상황에서 다시 뭔가를 시작하는 것은 많은 모험이 따르고 많은 것을 포기해야 한다는 것을 알기에.

그러나 그냥 있으면 안 된다는 생각이 들었다. 우선 많이 흩어져 있던 경당사범들을 다시 모으는 작업을 했다. 그리고 기존의 조직을 정비했다. 예전에 광주의 조폭조직을 일망타진한 검사출신의 노인수 변호사님이 회장을 맡으셨다. 임동규 선생님은 24반무예를 복원계승한 총재로서 역할을 해주셨다. 2004년 8월에 민족무예도장 경당설립 15주년 행사를 옛 경당 활터자리에서 가졌다.

국회에서 무예도보통지워크숍 행사를 갖다

그해 가을에는 당시 국회의원으로 있던 분들 중 임동규 선생님과 인연이 있는 분 40여 명에게 편지를 보냈다. 무예도보통지의 영문판 번역과 훈련원 복원사업에 관한 지원을 요청하는 내용이었다. 40여 명 중 두 분께 연락이 왔다. 문학진 의원님이 임동규 선생님에 대한 인연과 소식이 궁금하셔서 보자고 하셨다.

그리고 한 분이 연락을 주셨는데 강혜숙 의원님이셨다. 강혜숙

의원님은 청주대학교 무용과 교수로서 1980년대와 1990년대에 사회참여성격이 강한 시국춤을 추셨다. 노무현 정부 때 열린우리당으로 비례대표 국회의원이 되셨다. 제안한 내용을 적극 검토하셨고 먼저 시작할 수 있는 일을 논의했다. 그리고 국회에서 무예도보통지워크숍 행사를 진행하기로 하였다. 국회에서는 유수남 보좌관님이 맡아서 안 되는 일도 되게 하면서 강한 추진력을 발휘하며 진행해주셨다. 나중에 국회24반무예동호회 회장을 맡아서 아침에 도복을 입고 무예도 직접 배우는 열정을 보여주셨다.

국회 문화관광위원회와 국방위원회가 후원을 하고 강혜숙, 안민석, 조성태 의원실이 주최를 하고 사단법인 24반무예경당협회가 주관하는 무예도보통지워크숍 행사는 2015년 1월 27일에 국회의원회관 소회의실과 로비에서 세미나와 무예시범이 함께 진행되었다. 국회 로비에서 무예시범이 처음으로 있었다고 한다. 많은 분들이 참여해주셨으며 김덕규 부의장님 등 10여 분이 넘는 국회의원들께서 와주셨다. 이번 행사로 인해 경당은 다시 재기를 발판을 마련했다. 그리고 본격적으로 중앙무대에서 24반무예를 대중에게 알리기 시작했다.

050118 무예도보통지 워크숍 초청장

경당설립 15주년의 평가와 향후 계획
임 한 필(사단법인 24반무예 경당협회 사무총장)

※ 경당 15년의 역사, 의미, 평가

○ 민족도장 경당 창립 (1989. 7. 1.)

● 고구려의 상무정신, 홍익인간과 재세이화

● 문무를 겸비한 민족간부 양성

● 식민지 교육의 잔재 청산과 민족적, 민중적 교육문화의 창달

○ 대학경당동아리 및 야외수련의 확대 (1990년대)

● 수도권 지역을 시작으로 전국에 대학경당동아리 확산(100여 개)

● 학생운동권과 노동운동 및 지역청년단체의 조직적 활성화

● 탈춤과 풍물을 이은 또 하나의 민족문화운동의 출발

○ 하늘맞이 큰 굿[祭天大會] (1992~현재)

● 경당본당의 이전: 용진산과 황룡강, 용진정 건립

● 해마다 5월과 10월에 올리는 제천행사의 복원

● 경당인의 대동한마당

○ 독립기념관 8·15 기념행사의 24반무예 시연(1993. 8.)

● 전국 경당인이 참여하는 대규모, 장기간의 행사(30명, 1주일)

● 24반무예의 체계적인 복원과 다양한 시연종목의 확대

○ 동학100주년 기념행사 참가와 민족예술인과 만남(1994. 7.)

● 동학100주년 행사(정읍)의 대규모 참가(50명, 1주일)과 고부전투 재현

● 민족예술인총연합(민예총) 무예분과 창립. 중앙 및 지역 내 문화패와
   결합

- 경당사범의 예술적 지향 확대, 무예와 춤의 만남(칼춤)

○ 지역문화행사 참여와 24반무예의 지역화(1990년대 중반)
- 광주비엔날레행사(1990년대), 장보고축제 등
- 도장 운영을 통한 24반무예의 보급과 대중화, 지역화(광장에서 공간으로)

○ 사회적 운동과 육체적 운동의 분리, 갈등, 쇠퇴, 침체(1990년대 후반)
- 전국 20여 개의 도장 확보, 도장 및 조직운영의 미숙, 쇠퇴
- 전문적인 무예인과 사회의식적인 무예인 간의 경당 방향의 차이와 갈등
- 1990년대 후반 이후 운동권 침체 속의 경당발전방향에 대안 제시 및 실천 부족

○ 법인화와 경당의 진로모색(2000년대)
- 정조대왕과 24반무예의 역사적 의미를 갖은 수원에 대한 전략적인 접근
- 정조시대의 전통무예전 및 학술세미나 등 시연과 연구의 강화
- 사단법인 등록(2002, 문광부)을 통한 경당의 발전 모색

※ 경당협회의 향후 계획

○ 중앙을 중심으로 한 법인 운영 및 활동 강화
- 협회중앙사무국 강화 및 지역협회와 해외경당연맹의 조직적인 관리
- 수련체계의 심화, 심사의 체계화, 운영의 전문화, 경당사범의 역량 강화
- 경당사범 매주 1회 이상 수련장 갖기 운동: 도장, 야외수련, 대학동아리

○ 국민생활체육협의회 가입
- 하부조직(시·군·구)에 대한 구성과 전국 16개 시도 지역협의회 가입 추진
- 준회원 가입(2005년 상반기) 및 전국적인 조직체 구성(2006년 상반기)

○ 우리무예연구회, 경당사범동우회, 임동규후원회, 경당동우회(준)

● 무예도보통지와 24반무예에 관한 전문적인 이론적 지식 확보

● 경당사범의 친목과 화합 및 경당인의 대중적인 모임

○ 경당교육원, 경당대학원대학교(준)

● 문무를 겸비한 리더십을 확보하기 위한 협회내의 교육기관

● 도장의 전문적인 운영프로그램, 인터넷 관리, 해외진출 확대

○ 무예도보통지(24반무예)의 중요무형문화재 지정과 번역, 콘텐츠 개발

● 전문적인 연구작업과 복원의 체계화를 통한 유형문화재 지정작업 준비

● 무예도보통지 연구를 위한 권위 있는 여러 단체 간의 결합과 학술대회 추진

● 무예도보통지의 콘텐츠 개발: 캐릭터, 문화상품, 복원과 재현 및 현대화

○ 훈련원 복원사업, 경복궁·덕수궁·창덕궁 등 문화행사

● 훈련원 장소(동대문운동장 부근)에 대한 역사적인 고증 및 자료 수집, 연구

● 시민단체와 학계 및 무예계가 연계된 '훈련원복원추진위원회' 구성 및 홍보

● 훈련원의 외형복원, 24반무예 수련 및 공연화, 교육의 공간

● 역사적 상징공간에 대한 문화행사 기획 및 추진

● 24반무예전국시범단 조직 및 상설공연화

○ 프랑크푸르트 도서전 전시, WCO(세계문화오픈행사) 등

● 해외문화행사 참여를 통한 무예도보통지와 24반무예의 홍보

● 사물놀이, 판소리를 잇는 한민족의 역동적인 문화와 얼 홍보 및 전수

신촌에 웅지를 마련하다

본격적인 24반무예 보급을 위해서 안정된 사무실이 필요했다. 서울 면목동에 서울경당이 10년간 운영이 되다가 문을 닫았다. 인사동에 몇 달간 신세를 지다가 큰 형님의 도움으로 신촌에 오피스텔을 얻었다. 김석민, 최재근, 조광훈, 이찬우 등 5명의 사범이 함께 보냈다. 무예수련도 함께하고 무예지도의 교범이 될 수 있는 내용도 만들었다. 무예시범도 함께했다. 몇 번 주지 못했지만 최소한의 활동비도 지급했다. 그리고 향후에 근 10년간 진행되어 온 무예체험 및 시범행사 제안이 통영의 최용 부회장님(우도 농악보존회 회장)에게서 왔다.

당시 통영오광대보존회 김홍종 회장님이 집행위원장을 맡고 있었던 통영한산대첩축제는 충무공 이순신 장군의 한산대첩을 기리는 백제문화제, 진주개천제 행사와 함께 전국 3대 축제 중의 하나였다. 우리의 역할은 게릴라식 무예시범과 특설무대에서의 무예시범이었다. 무더운 8월 중순에 한산대첩이 있었던 기간에 맞춰서 진행되었다. 처음에는 구군복, 철릭과 같은 그나마 가벼운 복장을 입고 하였지만 몇 년 뒤부터는 갑옷을 제작해서 시범을 보이면서 뙤약볕에서 조선시대 수군의 장수와 군사가 되어 5일간 쉬지 않고 무예시범과 무예체험을 진행했다.

2009년 통영한산대첩축제

　10년 동안 참가하면서 종종 행사 기간 동안 비가 오기도 했다. 한 번은 행사의 하이라이트인 한산해전에 해군함정과 어선 150척이 동원되어 학익진을 펼치며 왜군과 싸우는 장면이 연출되는데 장대비가 쏟아져서 멀리 바다에서 멋진 장관을 연출하는 모습을 볼 수 없게 되었다. 실은 바로 앞도 안 보일 정도 비가 와서 서 있는 것조차 힘들 정도였다. 우리 순서에서 무예시범을 보였는데 다시 또 보이게 되었다. 바닥이 잔디와 흙으로 되어 있는 곳이고 경사진 곳이었다. 미끄러지면서도 했다. 400여 년 전 조선의 군사가 되어 죽어라 뛰었고 그 기상을 잃지 않기 위해서 행사가 끝날 때까지 장대비를 맞으며 버텼다.

　그때 행사를 마치고 회식 자리에 찾아온 류태수 당시 집행위원장은 조선 수군의 기상을 느꼈다며 끝까지 함께하자고 하셨다. 우리는 그랬다. 단순히 시범을 보이는 무예인이 아니라 그 행사 속에 담긴 역사적 정신을 담고자 했다. 무인으로서의 품위를 잃지 않고자 노력했다. 그동안 통영에서 10년간 50일 동안 총 100회 이상 무예시범을 보이고 매일 무예체험을 하루 종일 진행했다. 함께해 준 24반무예 사범들께 경의를 표한다.

통영한산대첩축제는 지금도 참가를 하고 있으며 그 성과로 2015년에는 통영관광개발공사의 후원으로 삼도수군통제사가 머물렀던 국보305호인 세병관에서 조선 수군 무예체험 및 무예시범 행사를 2월부터 10월까지 40여 일 동안 진행되었다.

미대륙 순회공연을 가다

2009년도 한국문화예술위원회에서 '무예와 예술의 퍼포먼스'라는 주제로 신청한 문화예술국제교류지원사업인 엘살바로드, 아르헨티나, 브라질, 미국 워싱턴DC로 이어지는 24반무예공연 행사를 선정해주었다. 한국의 사범들과 미국과 엘살바도르에 있는 사범들이 함께해서 미 대륙을 무예로 돌았다. 엘살바도르에 있는 윤진영 관장님의 도장에서 생활을 하면서 엘살바도르 행사에 참가했다. 국립대학에서 세미나도 가졌다. 근 14년간 엘살바도르에서 경당과 태권도의 이름으로 24반무예를 보급하고 있는 윤 관장님의 열정이 수련생들에게 고스란히 묻어나 있었다. 아르헨티나의 부에노스아이레스를 거쳐서 브라질의 리우로 갔다. 리우의 바다와 브라질인들의 자유스러움을 잊을 수가 없었다. 해변에서 공연된 24반무예에 열광을 했다.

091118 무무무 공연 포스터

그들은 작은 것에도 열광을 했다. 도복을 입고 있는 우리에게도 많은 관심을 보여줬다.

　미국 워싱턴DC에서 태권도 도장을 크게 하고 있는 태권도협회장을 만났다. 도장경영도 비즈니스로 생각을 하고 한다는 그는 타이거덴이라는 태권도 도장 체인을 10개나 운영을 하고 있었다. 미국에 있는 수련생들에게 무예시범을 보이고 세미나를 사범을 대상으로 진행하면서 경영에 도움이 될 수 있는 거라면 뭐든 배우려고 하는 그들의 진지한 모습이 좋았다. 미국에서는 경희대학교 태권도학과를 졸업하고 국가대표로도 활동을 하고 24반무예를 접하고 경당사범이 된 이현준 사범이 우리를 안내했다. 이현준 사범은 그 후로 미군부대에 군인으로 들어가 보내다가 지금은 제대를 하고 무예를 보급하는 일에 전념하고 있다고 한다. 그의 도전이 성공하길 바란다.

2009년 미대륙 공연

무무무(武舞巫) 공연을 하다

무무무 공연은 2009년도 서울문화재단의 예술표현활동사업에
선정이 되어서 12월 12일과 13일에 4번에 걸쳐서 한국문화의집
코우스 극장에서 공연되었다. 정조대왕이 왜 무예도보통지를 만
들고 24반무예를 군사들에게 보급하고 자신의 왕권을 강화시켜
나가고자 했는지를 그리는 작품이다. 아마추어들이 무예를 소재
로 작품을 만들고 이어간다는 것이 쉬운 일은 아니었다.

그렇지만 서로 상의하고 머리를 짜내서 작품을 구성해 나갔다.
우도농악보존회 회장으로 오랫동안 활동해온 24반무예경당협

회 최용 부회장님의 예능 솜씨가 많이 살아난 공연이었다. 풍물
과 사면육각이 배경음악으로 함께하고 우리는 그동안 갈고닦은
무예를 처음으로 작품공연으로 만든다는 것은 즐거운 일이자 한
편으로는 무모한 일이기도 했다. 장순향 교수님께서 춤을 추시며
흥을 돋우셨다. 사범들도 한 번도 안 해본 무대공연이지만 최선
을 다했다. 이렇게 하나하나 새로운 영역에 도전하였다.

2009년 무무무(武舞巫)공연

소용돌이 속의 역사와 예술: 武, 舞, 巫

작품소개

○ 연출의도: 조선시대 정조대왕은 당대 최고의 학자이자 무인이라는 독특한 이력의 소유자였으며 왕권을 강화하기 위해 당시 무예의 총결정체인 '24반무예'를 만드셨으며 그에 꿈은 현실 속에서 많은 시련을 겪게 되며 결국 죽음으로 마감된다. 이런 정조대왕의 비극을 무예와 춤, 음악이 함께하는 새로운 창작극 형태인 집단적인 총체극을 만들고자 한다.

○ 공연구성 및 내용: 제1부에서는 정조대왕의 고뇌와 꿈 그리고 현실을 24반무예의 동작(검, 창, 봉, 활 등)을 퍼포먼스 형태로 재현을 하며 당시 박제가, 이덕무 등의 실학자와 당대 최고의 무인이었던 백동수의 만남을 통한 시대정신의 구현을 제2부 무예, 음악, 춤의 만남을 통한 역동적 표현으로 재현하고자 한다.

– 제1부(30분): 정조대왕의 꿈과 현실
– 제2부(30분): 무예와 예술의 만남: 음악, 춤

시나리오

【제1막】 정조대왕의 꿈과 현실

[제1장] 깃발춤(정영근, 김광식, 박대성, 문선우), 어제무예도보통지서낭독(임한필), 기수련, 예도24세(임한필, 정연근, 정영근, 최성용, 이재동, 노범세, 김종화), 예도총보(최용)

[제2장] 검무(옥재은)

등패교전, 권법교전(김광식, 박대성, 문선우), 곤방교전, 검교전, 등패+
곤방교전(정연근, 노범세, 이재동, 김종화, 임한필, 정영근, 최성용),
[제3장] 시나위: 삼현육각, 흥춤(장순향)

【제2막】 무예와 예술의 만남: 음악, 춤
[제1장] 기창(정연근, 이재동, 노범세, 김종화), 구음(최은미), 검무(최용)
[제2장] 활쏘기, 대련(정연근, 김광식, 박대성, 문선우), 월도(임한필),
진검베기(정연근, 임한필)
[제3장] 쌍검(정연근), 굿(김영주), 시나위: 삼현육각

091118 무무무 공연 포스터

사단법인 24반무예경당협회 소개

사단법인 24반무예경당협회(총재: 임동규/회장: 김성하/사무총장: 임한필)는 선조들의 선비정신과 상무정신을 이어받아 문무를 겸비한 인재를 양성하고, 무예도보통지의 24반무예를 연구, 복원 및 보급하기 위해 1989년에 민족도장 경당(총관장: 임동규)으로 창립되어, 2002년도에 문화체육관광부 산하 사단법인으로 등록된 전통무예 단체이다. 본 협회는 조선의 국방무예였던 24반무예를 비롯하여 활, 마상무예 등 선조들이 익혔던 전통병학을 연구 보급함으로서 선비정신, 실학사상, 상무정신을 바탕으로 하여 우리의 체질과 기후, 풍토, 지형에 맞게 정립된 무예를 21세기 우리의 생활 속에 뿌리내려, '武(굳셀 무)'를 통해 더욱 풍요로운 생활을 영위 하는 데 앞장서고자 한다.

본 협회는 2013년 중국 절강성의 닝보시에 개최된 제1회 중국닝보국제무술교류대회에서 병장기부문 1등을 수상하였다. 또한 제1회 대한민국무술대제전(2007년)에서 "최우수상"(충청북도지사상) 및 "MBC-ESPN 지도자상"과, 제2회 대한민국무예대제전(2008년)에서 "대상"(문화체육관광부장관상) 및 "지도자상"(충청북도지사상)을 수상하였다. 2009년도에는 한국문화예술위원회 국제문화교류 지정사업("무예와 예술의 퍼포먼스"; 미국, 브라질, 아르헨티나, 엘살바도르 24반무예공연) 및 서울문화재단 지정사업("소용돌이 속의 역사와 예술": 한국문화의집 코우스 공연)에 선정되어 24반무예를 작품공연으로 창작하여 발표하였으며, 부천세계무형문화유산엑스포 초청공연 (2008년), 대한민국전통연희축제 공모사업선전단체(2007) 및 충주세계무술축제 연무팀 선정단체(2006년)로 지정되어 한국의 전통무예를 국내외에 널리 알려왔다.

또한 본 협회에서는 24반무예사범을 국회, 국방부 전통의장대, 노르웨이 베스토플란Vestoppland 대학에 파견하여 24반무예를 보급하였으며, 한국예술종합학교, 한양대학교, 경민대학교, 광주대학교 등에 정규과목으로 개설, 우리 무예를 가르치고 있다. 또한 전국의 13개 시도에 지역협회가 조직되어 전수관 및 야외수련터, 대학동아리, 동호회 등을 통해 24반무예를 활발히 보급하고 있다. 그리고 미국, 프랑스, 독일, 일본, 캐나다, 노르웨이, 엘살바도르, 코스타리카 등 해외에도 24반무예협회 지부가 조직되어 많은 외국인들이 한국의 전통무예와 우리 문화를 체험하고 있다.

그동안 서울남산봉수대 봉화의식 및 전통문화공연행사 24반무예시범, 부천세계무형문화유산엑스포 초청공연, 대한민국전통연희축제 공모사업선정, 광주비엔날레 시연, 동학100주년기념사업 참가, 정조시대 전통무예전 행사기획 및 참가, 통영한산대첩제 이충무공 창작작품 출연 및 시연, 충주무술축제 개막식 초청시연, 2002년 월드컵경기 개막전 시연(수원), 경복궁/창덕궁/덕수궁

수문장교대식 시연, 한국무예학술대회 참가(국립민속박물관), 무예 도보통지 워크숍 행사주관(국회 국방위원회, 문화관광위원회), 경희궁 무과시험재현 행사참가, 국립민속박물관 우리민속한마당(일요열 린무대) 공연참가, 한국민속촌 공연, 숭례문 수문군 무예시연, 경 희궁 훈련원 강무시취, 서산해미읍성 병영체험축제(무과훈련원캠프) 진행 및 시연, 나주삼한지테마파크(MBC 드라마 '주몽' 세트장) 정기시 연, 완도청해포구(KBS 드라마 '海神' 세트장) 수문장교대의식 및 시연, 대한민국무술대제전 참가 등 각종 지역문화제 행사시연 등 다양 한 행사에서 24반무예의 우수성과 전통문화의 역동성을 국내외 많은 분들에게 알리고 있다.

훈련원을 복원하자

24반무예를 보급하는 데 있어서 가장 중점적으로 두어야 하는 사업이 바로 훈련원 복원사업이다. 훈련원은 조선시대 군사를 훈 련시켰던 중앙군사훈련기관으로 일제강점기 때 폐쇄가 되었다. 대한민국 국방부의 위상과 역사를 복원하기 위해서는 더욱더 훈 련원이 복원되어야 한다. 왜냐하면 역사적으로 '무예'라는 것이 단순히 생존과 전쟁의 본능적 수단으로만 활용된 것이 아니라 당 시 새로운 사상과 문화의 흐름을 담아내는 총체적 수단으로서 인 식되었다. 그리고 정조대왕이 탕평책을 펴고 제도를 혁파하기 위한 수단으로서 왕의 친위부대인 '장용영壯勇營' 등을 조직하였으며 이러한 국가적 방위수단이자 민족의 자주성을 강화하기 위해 무예를 훈련시켰던 곳이 바로 '훈련원訓練院'이기 때문이다.

이러한 훈련원의 복원은 곧 민족의 자주성과 존엄성을 확보하는 길일뿐 아니라 현재, 사찰이나 궁궐의 복원에만 치우친 문화재 복원정책을 다시 한 번 재고하는 것이다. 또한 일제 시대 민족의 정기를 끊고 진취적이고 강한 민족의 기상을 없애기 위해 폐기된 훈련원을 복원하는 것은 곧 다양한 전통문화의 장르를 확대하는 측면에서 훈련원 복원은 국가적인 차원에서 진행되어야 한다. 이런 복원작업을 위해 국회에서 2005년과 2008년에 훈련원 복원사업을 위한 국회간담회를 가졌다. 전문가들이 모여서 복원에 관한 다양한 의견을 나눴다.

두 차례에 걸쳐서 진행된 간담회에는 강혜숙(국회의원/문화관광위원회), 이시종(국회의원/건설교통위원회), 임동규(24반무예협회 총재), 나영일(서울대 교수), 백상진(이시종 국회의원실 보좌관), 유수남(강혜숙 국회의원실 보좌관), 안성배(강혜숙 국회의원실 보좌관), 김용목(24반무예협회 이사), 박남수(동학민족통일회 상임이사), 황평우(문화연대 문화유산위원회 위원장), 허건식(서일대 겸임교수, 소마연구소 소장), 심두섭(남양승마클럽 대표이사), 장순향(한양대학교 사회교육원 무용과 교수), 양성옥(한국예술종합학교 전통예술원 무용과 교수), 유수형((주)넥타르소프트 이사), 곽현용(24

반무예협회 수석부회장), 김현인(코리아글로브 집행위원장), 이승렬(경영컨설턴트), 강성룡(종교연합), 임한필(24반무예협회 사무총장)이 함께했다.

이 사업은 그 뒤로 진척이 되지 못했지만 향후에 국가의 위상을 확립하고 대한민국 국군의 정통성을 회복하고 역동적인 전통문화의 장을 마련하는 면에서 국가적인 프로젝트로 옛 훈련원 부지인 동대문과 용산, 남산을 축으로 한 복원작업이 진행되어야 한다.

조선시대 군사훈련기관 '훈련원(訓練院)' 복원에 관한 제안서

1. 제안배경

○ 우리 조상님들은 고구려의 벽화에 나와 있는 '수렵도(狩獵圖)', '수박(手搏)'의 장면이나 신라의 '화랑도(花郎徒)' 등을 통해서 보면 '무예'가 가지고 있는 생존수단의 가치를 넘어, 국가의 국력과 안위를 키워나가는 데 있어서 유용한 수단으로서 그 가치를 높이 평가해 왔음.

○ 이미 고구려 시대에 서민층의 자제들에게 활쏘기와 글쓰기 등 문무(文武)를 함께 교육시켰던 '경당(扃堂)'이라는 조직은 전국 곳곳에 펼쳐져 있었으며, 조선시대 선비들 또한 평상시 문무를 겸비하도록 노력하였으며, 유사시에는 전쟁터에 나가 직접 싸워서 국가를 지켜

나갔던 예를 많은 역사적 사료를 통해서 알 수 있음.

○ 오늘날 대학입시교육 중심으로 이루어진 교육체계에서 '문무(文武)'에서 '문(文)'만 강조가 되고 '무(武)'라는 측면이 단순히 '스포츠'로서의 개념으로만 머물러 있으며, 우리 조상들이 '무(武)' 속에서 추구하고자 했던 '상무정신(尙武精神)'과 '호연지기(浩然之氣)' 등의 정신은 쇠락됨.

○ 또한 최근에 전통문화에 대한 관심이 확대되면서 우리의 전통문화를 알리고 계승하자는 차원에서 다양한 문화재가 복원이 되고 있는 상황에서 조선시대부터 무과시취(武科試取)를 담당하고, 무예의 훈련 및 병서(兵書)의 습독(習讀)을 관장했던 훈련원을 복원하는 것은 잃어버린 상무정신을 회복하고 문(文)에만 치우친 반쪽짜리 교육을 제자리로 돌리는 상징적인 의미를 가지는 일임.

○ 최근 무용, 뮤지컬, 서사극 드라마 등에 무예적 요소가 자주 등장하면서 인간의 본능적인 몸짓이 단순히 유희적인 측면을 넘어서 하나의 예술적인 요소로 승화되는 경향 속에서 무예가 담고 있는 본질적인 내용을 찾아내는 작업으로서 훈련원 복원이 필요함.

○ 중국의 소림사는 현재 유네스코 문화재에 등재되어있는 상황에서 한국을 대표할 수 있는 무예의 상징적 공간이 필요하며, 일제 시대에

사라진 훈련원을 복원하는 것 또한 민족의 자주성과 정통성을 회복하는 척도임.

2. 훈련원 연혁과 위치

○ 담당과 역할

- 조선시대 군사의 시재(試才), 무예의 훈련 및 병서(兵書)의 습독(習讀)과 전진(戰陣)을 관장하기 위해 설치되었던 관서. 〈한국민족문화대백과사전〉

- 훈련원의 이무는 크게 시취(試取)와 연무(鍊武) 두 가지였음.

- 시취의 가장 중요한 것은 무과(武科)를 주관하는 일임.

  △ 초시(初試) 〈190인 선발/ 한성(70인)+지방(120인)〉→ 복시(覆試) 〈28인 선발/ 복시부터 병조와 훈련원에서 주관함〉→ 전시(殿試) 〈등수결정〉

- 선발된 자는 병요(兵要)·무경칠서(武經七書)·통감(通鑑)·장감(將鑑)·박의(博議)·진법(陣法)·병장설(兵將說)을 습독하고, 사어(射御)를 익혔으며, 모두 무관으로 임용되었음.

- 연무를 통해 군사력의 유지·발전을 위해 주력하였으며, 내금위(內禁衛)·별시위(別侍衛)·친군위(親軍衛) 등의 병기검열을 훈련원에서 주관하고, 구체적인 전술의 연구와 교습이 이루어짐.

○ 설립과정

- 훈련원의 시작은 고려의 공양왕 때(1390) 무반에게 훈련을 실

시하기 위해 처음으로 무과가 설치되었으며, 조선이 건국되어 새 관제를 반포할 때(1392) 훈련관(訓練觀)이 설치된 때부터임.

- 그 후 1394년에 중군군후소(中軍軍候所)를 흡수하고 1405년(태종 5)에 병조의 속아문(屬衙門)으로 되고, 계속해 정비되어 1466년(세조 12)에 훈련원으로 개칭하면서 제도적 기틀이 정돈됨.

○ 변천과 폐지

- 훈련원은 조선 후기인 1795년(정조 19)에 첨정 1인, 판관 2인, 주부 8인이 증설되고, 첨정·판관·주부 가운데 1인을 문관으로 임명하도록 하면서 약간의 변모를 하였음.
- 그 뒤 1907년에는 한일신협약(韓日新協約)의 체결에 따라 폐지되고 군대 해산이 이루어짐으로써 없어지게 되었으며, 이 때 일본에 항거하는 항일운동이 전개됨.

○ 위치

- 현재 서울특별시 동대문운동장 부근 〈옛 명철방(明哲坊)〉으로 현재 훈련원공원(訓練院公園) 〈총면적 1만 6,732㎡〉이 조성되어 있음.
- 이 터는 일제 시대에는 경성사범학교 및 부속소학교(1921~1945), 서울대학교 사범대학(1946~1950) 및 부속중학교(1946~1947), 부속고등학교(1946~1947, 1954~1967), 부

속국민학교(1947~1950, 1953~1975), 농업협동조합중앙회(1975~1988), 헌법재판소(1988~1993), 서울특별시 시설관리공단 주차장(1993~1994) 등으로 사용되다가 쌍용건설(주)이 민자유치로 1994년 8월 훈련원공원 및 주차장 건설공사를 착공하여 1997년 4월에 준공하고, 5월 31일 지하주차장 및 공원 조성을 완료한 뒤 6월 30일 운영을 시작함(최초 무상사용기간은 20년간임).

훈련원

3. 훈련원 복원의 문화적 가치와 현대적 의의

○ 조선시대 정조대왕 때 발간된 우리나라 최초의 종합무예서이며 당시 중국·일본·조선의 무예를 총망라하여 집대성한 '무예도보통지(武藝圖譜通志)'는 당시 유명한 실학자였던 박제가, 이덕무와 출중한 무관이었던 백동수 등에 의해서 발간되었으며, 이 속에 담겨있는 검

법, 창법, 권법, 마상무예 등 총 24가지로 구성된 '24반무예'가 바로 이곳 훈련원에서 훈련되어졌음.

o 즉 '무예'라는 것이 단순히 생존과 전쟁의 본능적 수단으로만 활용된 것이 아니라 당시 새로운 사상과 문화의 흐름을 담아내는 총체적 수단으로서 인식되었으며, 정조대왕이 탕평책을 펴고 제도를 혁파하기 위한 수단으로서 왕의 친위부대인 '장용영(壯勇營)' 등을 조직하였으며 이러한 국가적 방위수단이자 민족의 자주성을 강화하기 위해 무예를 훈련시켰던 곳이 바로 '훈련원(訓練院)'임.

o 이러한 훈련원의 복원은 곧 민족의 자주성과 존엄성을 확보하는 길일뿐 아니라 현재, 사찰이나 궁궐의 복원에만 치우친 문화재 복원 정책을 다시 한 번 재고하고 일제 시대 민족의 정기를 끊고 진취적이고 강한 민족의 기상을 없애기 위해 폐기된 훈련원을 복원하는 것은 곧 다양한 전통문화의 장르를 확대하는 중요한 측면이 있음.

o 현재 전통무예인 '택견'만이 문화재로 지정되어 있어서 맨손무예만이 우리 전통무예의 전부인 것처럼 느껴지고 있으나 실지로는 '훈련원'에서 무관들에게 훈련되어졌던 국방무예인 '24반무예'라는 무형(無形)의 자산을 복원하는 의미도 있음.

4. 훈련원의 활용방법과 관광상품화

○ 훈련원 복원은 곧 건물을 복원하는 단순한 작업이 아니라 조선시대 당시에 활용되었던 진법(陣法)과 훈련체계를 복원할 수 있도록 건물과 함께 넓은 운동장이 필요하며, 복원이 이곳 훈련원에서 매일 내·외국인들에게 '24반무예'의 시연, 당시 무과시취의 재현과 함께 무예관련 다양한 행사를 마련할 필요가 있음.

○ 현재 국방부의 전통의장대에서 국빈과 일반인을 대상으로 24반무예를 시연하고 있으나 그 규모가 작은 관계로 민족의 웅장한 기상을 보여주는 데는 한계가 있으므로 복원된 훈련원에서 활쏘기, 마상무예, 검법 및 창법 시연 등을 통해 한민족의 역동적인 문화의 총체를 보여줄 필요가 있음.

○ 장기적으로 훈련원과 24반무예를 유네스코의 세계문화유산으로 등록될 수 있도록 하여, 다이내믹하게 움직이고 있는 한국의 상징적이고 살아 움직이는 문화유산으로서 확대해 나갈 필요가 있음.

PART
8

세상과
인연을 맺다
(2003~2015)

북한학 네트워크를 만들다

경남대 북한대학원에 2003년도에 들어갔다. 그리고 조선대학교에 다닐 때 민주평화통일자문회의에서 주최한 대학생통일학술대회에 발표자로 참가했었다. 전남대에서 진행이 되었는데 그때 동국대에 재학 중인 김상범 학우를 만났다. 그 학우도 나중에 동국대학교 북한학 석사과정에 들어갔고 나는 북한대학원 석사과정에 들어간 상태라 자연스럽게 모임이 이루어졌다. 북한대학원 석사 전업조교들과 동국대 북한학과 석박사과정생들 간에 모임이 많아졌다. 주로 만나서 축구를 하고 술을 먹었다. 관계가 돈독해지자 당시 고려대 북한학과, 명지대 북한학과, 이화여대 북한학협동과정 학생들도 참가를 하면서 교류가 확대되었다.

그리고 북한학을 공부하는 석박사과정생들의 네트워크를 만들
자는 얘기가 나왔다. 임시의장을 내가 맡아서 3개월간 임시운영
회의를 5차례 진행했다. 그리고 2005년 3월 18일에 경남대 극동
문제연구소 정산홀에서 창립총회를 가졌다. 동국대 박사과정생
이었던 탁용달 학우가 회장을 맡아서 모임을 이끌었다. 이후 세
미나도 갖으면서 '북한학을 연구하는 학문의 공동체'로서 인적 네
트워크를 만들어가고 학문적 교류도 가졌다. 이후에 다른 형식의
모임으로 발전해나갔다.

북한학 네트워크 창립제안

○ 2003년 하반기부터 있었던 경남대 북한대학원, 동국대, 명지대 등
북한학 석박사과정생들의 축구경기를 통한 상호교류를 통해 북한학
연대모임 등에 대한 필요성을 인식함.

○ 2004년부터 고려대, 이화여대, 동국대, 경남대 등 북한학을 전공
하는 석박사과정생들이 세미나를 통해 상호교류를 하면서 학술적이
고 인적인 네트워크 구성에 대한 구체적인 대화가 나누어진 시점에
서 모임에 대한 제안이 구체적으로 나옴.

취지와 목적
○ 북한학을 연구하는 석·박사과정생의 학술교류의 장을 마련하기

위해서임.

– 북한과 통일문제에 대해 공부하는 데 있어서 중요하게 요구되는
'시각과 방법'은 개별적인 학습뿐 아니라 상호 간의 커뮤니티를 통
해서 좀 더 균형적인 학습내용을 습득하는 것이 중요함.

– 북한학은 정치, 군사, 경제, 사회, 문화 등 다양한 학습이 요구되는
방대한 지적 작업이므로 개별적으로 익힌(학부·석사과정) 전문지
식에 대한 상호 학습과 토론을 통해 학제 간의 연구 성과를 만들기
위함.

○ 북한학 연구를 통해 장기적으로 전문적인 직업을 갖고자 하는
석·박사과정생의 네트워크를 만들기 위함.

– 석·박사과정의 학위논문을 준비하는 과정에서 자신의 분야에 대해
먼저 고민을 한 선배들의 논문 작성의 요령과 방향 등에 대한 사전
학습을 받기 위함.

– 건전한 문화교류를 통해 타 대학의 커리큘럼에 대한 정보 교환과
졸업 후 진로 등에 대한 구체적인 의사소통 구조를 확보하기 위함.

민주평화통일자문회의 자문위원으로 보내기

노무현 정부가 들어서면서 참여정부라는 명분 아래 그동안 지
역유지들의 명함내밀기 모임이었던 헌법에 나와 있는 대통령자

문기구인 민주평화통일자문회의를 대폭 개방하였다. 그래서 대학생, 대학원생 그리고 젊은 사업가, 시민활동가 등이 지원하였고 추천과 심사를 통해서 많은 청년층이 자문위원이 되었다. 나도 우연한 기회에 얘기를 듣고 지원하였으며 제11기 자문위원이 되었다.

당시 살던 지역이 자신의 활동 근거지였기에 당시 2003년에는 구로구에 있는 둘째 형님 댁에서 신세를 지고 있었기에 민주평화통일자문회의 구로구협의회에 소속되어 활동하였다. 모임에 가 보면 여전히 지역 유지분들이 주축을 이뤘다. 나 같은 젊은 사람은 몇 명 되지 않았다. 그래서 나름 어르신들이 예뻐해주셨던 것 같다. 제12기 자문위원에 선정될 때 주소지가 신촌이어서 마포구협의회에서 활동하였다. 마포구는 젊은 층이 많았다. 주로 사업을 하거나 정계에 진출하려고 하는 사람, 지역에서 오랫동안 사업을 하거나 관변단체에 속해서 활동하는 분들이 많았다.

아래의 글들은 민주평화통일회의자문회의 시절에 섰던 참가기이며 정책보고서이다. 두 정책보고서는 나중에 민주평통회의에서 발표되었다.

민주평화통일자문회의 제11기 서울특별시 지역회의 참관기
"2030세대가 보는 서울지역회의에 관한 단상"

서울구로협의회 임 한 필

지금 한반도의 16개 지역에서 순차적으로 평화와 통일을 위한 다양한 목소리가 자문위원님들의 정책건의와 발전방안제안 속에서 나오고 있다. 이것은 곧 우리 모두가 하나됨을 알리는 심장의 울림이요. 하나의 목소리로 가는 새로운 출발을 알리는 뱃고동이다. 9월 15일은 서울에서 바로 그러한 현장을 담아낸 소중한 시간이었다.

김덕수 사물놀이패의 하늘을 여는 신들린 듯한 소리와 울림으로 시작된 서울지역회의는 약 2,000명이 참가한 가운데 회의장 분위기를 뜨겁게 달구었다. 김장환 부의장의 주재로 열린 회의는 북핵문제의 해결, 남북청소년 항공스포츠 교류방안, 남북불가침조약 체결문제, 주한미군 감축 및 재배치 문제 등을 내용으로 10명의 자문위원이 평화번영정책에 관한 건의를 하였다. 또한 지역협의회 운영문제, 자문위원의 위상과 역할문제, 자문회의 내 '초중등교사통일교육위원회' 설치문제 등 6명의 자문위원이 민주평통 발전방안에 관한 제언을 하였다.

약 3시간 동안 진행된 이번 11기 서울특별시 지역회의는 한반도의 평화와 통일에 관한 여론을 아래로부터 수렴해서 이를 발표하고 또 채택하는 과정을 통해서 진정한 민주적 절차에 의한 다양한 목소리를 담아냈다는 데에 큰 의의가 있다고 생각한다. 또한 1981년에 제1

기로 출발하여 현재 제11기까지 진행되고 있는 민주평통이 내부적으로 어떠한 변화와 발전을 만들어가야 하는지에 대한 진지한 의견 제시와 구체적인 실천방안을 도출해내는 큰 성과를 이루어냈다. 이는 곧 민주평통의 새로운 도약을 의미한다.

이러한 부분을 실질적인 성과로 만들어내기 위해서는 전국에서 수렴된 많은 제안들이 선별적으로 실행되어야 한다. 그러한 단계를 통해서 자문위원들의 지역회의에 대한 관심과 참여를 적극 유도할 수 있다고 생각한다. 민주평통의 20여 년의 활동기간을 통해서 정착시키고자 하는 아래로부터의 여론 수렴과 자문위원의 자발적 참여 그리고 이를 통한 정책실행은 곧 한반도의 평화와 통일을 한 단계 발전시키는 소중한 축제의 마당이 될 것이다.

민주평통 내 2030세대로서 이번 행사를 참여하면서 느낀 단상은 이제는 민주평통에서도 젊은 세대의 참여가 활성화되어야 하고 그들의 목소리 또한 다양한 방식을 통해서 표출되어야 한다는 것이다. 이번 지역회의에서 2030세대의 낮은 참여율은 깊이 반성을 해야 하며 사이버공간인 온라인뿐 아니라 오프라인에서도 적극적인 참여가 필요하다. 그래야만이 한반도의 평화와 통일의 문제에 있어서 보수와 진보, 전쟁세대와 비전쟁세대 간의 차이를 극복하고 온고지신(溫故知新)을 만들어 갈 수 있는 대안적 공간으로서 민주평통이 생산적으로 존재할 수 있다고 생각한다.

민주평화통일자문회의 활동영역의 확대방안에 관한 제안

초중등교사 통일교육위원회 설립제안을 중심으로

□ 건의배경

  ○ 「민주평화통일자문회의」(이하 민주평통)의 활동영역이 그동안 통일정책 자문과 지역사회의 통일역량을 결집하는 데 집중되어 있었음.

    – 「민주평통」이 창설된 지 23년이 지나는 시점에서 통일의지와 역량을 결집해내고 조국통일을 실천해나가는 데 있어서 「민주평통」의 위상과 역할은 지대하였음.

    – 향후 「민주평통」의 체계적인 발전을 위해서는 기존의 통일역량을 실천적이고 제도적으로 결집시켜낼 수 있는 세부적인 하부기구의 설립이 필요함.

  ○ 한반도 평화와 통일을 위해서 실천적이고 실질적인 역할을 할 수 있는 청소년세대를 위한 「민주평통」의 역할을 확대할 필요가 있음.

    – 청소년세대는 가치관과 국가관이 형성되어가는 과정의 세대로서 초기에 올바른 통일관을 심어주는 것이 필요함.

    – 현재 통일교육의 중요성에도 불구하고 통일교육에 대한 제도적인 교육을 제대로 받지 못하고 있는 실정임.

  ○ 청소년세대의 올바른 통일관을 심어주기 위해서는 거의 매일 함께 생활하면서 가치관 형성에 영향을 강하게 미치는 초 · 중등교사에 대한 광범위하고 체계적인 통일교육이 선행되어야 함.

    – 통일교육과 직접적 연관성이 있는 실질적이고 잠재적인 집단(교사와 학생)에 대한 조직적인 지원을 위해서는 초 · 중등교사 통일교육을 담당할 수 있는 통일교육기구가 필요함.

- 통일정책과 문제에 대한 광범위한 네트워크를 구축하고 있으며, 다양한 세대와 가치를 포용하고 있는 「민주평통」에서 이러한 역할을 담당하는 것이 바람직함.

□ 발전방안제언

  ○ 초 · 중등교사의 통일에 있어서 위상과 역할에 대한 재정립이 필요함.

    - 초중등교사는 청소년들의 성장과정에 있어 가장 중요한 시점에서 전반적인 교육을 담당하고 있는 직업군으로서 전인격적인 교육의 주체로서의 위상을 가지고 있음.

    - 통일에 대한 균형적인 시각과 관점을 가지고 있어야 할 초중등교사들이 현실적으로 통일에 대한 체계적이고 제도적인 교육의 환경을 갖고 있지 못한 상태임.

    - 초중등교사들의 이념적 성향과 통일에 대한 인식이 본인들이 소속되어 있는 각종 교원단체(한국교원총연합, 전국교직원노동조합 등)의 각기 다른 주장으로 인한 편향된 인식을 가지고 있는 것이 현실임.

  ○ 「민주평통」내에 청소년세대의 통일관을 올바로 심어주고 제도적으로 교육할 수 있는 「초중등교사 통일교육위원회」(가칭)와 같은 상설기구가 필요함.

    - 통일을 이루어가는 과정에 있어서 중요한 역할을 할 청소년들에 대한 교육이 제도적이고 체계적으로 이루어져야 함에도 불구하고 이를 담당할 기구가 현재 「민주평통」 내에 없는 상황임.

    - 「민주평통」이 헌법에 명시된 자문기관의 성격 내에서 통일교육에 관한 활동영역을 확대해하는 것이 필요함.

    - 「초 · 중등교사 통일교육위원회」(가칭)와 같은 기구를 두어서 초 · 중등교사의 통일교육을 제도적으로 보완하고 지속적으로 추진해나가면

서 서울·수도권뿐 아니라 각 시도별로 초·중등교사를 교육할 수 있는 프로그램을 개발하는 것이 필요함.

○ 통일교육을 담당하고 있는 교사들은 통일에 대한 이념, 목적, 목표 등 지향점이분명한 가운데 올바른 균형점을 유지해야 함.
  – 초·중등교사에 대한 기본적인 교육의 방향은 통일에 대한 올바른 이념 속에서 균형된 시각을 갖추는 방향으로 가야 하지만 현재 초·중등교사는 각기 다르고 차별적인 내용으로 통일 교육이 이루어지고 있음.
  – 통일교육의 이념과 목적은 자유민주주의체제에 대한 이념 속에서 민족적 자존을 지키는 범위 내에서 균형된 시각이 요구됨.

○ 통일을 하나의 과정으로서 인식한다면 통일교육 이전에 한반도 평화에 대한 올바른 인식을 심어줄 수 있는 평화교육이 선행되어야 할 것임.
  – 통일을 하나의 과정이라고 한다면 통일교육 이전에 한반도 평화에 대한 체계적인 인식이 필요함.
  – 동북아지역에 대한 평화체제의 구축을 통해 제도적으로 한반도의 통일이 보장되는 틀을 만들어 가는 데 있어서 남과 북에 대한 이념적 차이를 설명하는 교육보다는 동북아지역의 역사와 상생의 이념을 먼저 제시하는 것이 필요함.
  – 평화교육이라는 별도의 프로그램을 만들어서 통일 이후에 청소년들이 가질 수 있는 인권, 여성, 평화 등에 대한 기본적이 마인드를 구축할 수 있도록 교육하는 것이 필요함.

○ 초·중등교사를 양성하는 교육대 및 사범대와 「민주평통」간의 통일교육 위탁 등 제도적 접근을 위한 몇 가지 제안.
  – 초·중등교사를 양성하는 교육대 및 사범대와 통일교육 교류협정서

등을 체결하여 대학 재학 중에 통일교육지도자로서의 충분한 소양과
자질을 키울 수 있도록 제도화하는 것이 필요함.

- 20~40대의 초·중등교사를 적극적으로 「민주평통」 자문위원으로 위
  촉하여 학교뿐만 아니라 지역사회에서 통일교육지도자로서의 역할을
  해 나갈 수 있도록 적극 유도하는 것이 필요함.
- 「민주평통」 2030세대와 초·중등교사 중 2030세대의 만남을 통해서
  통일에 대한 인식과 방향에 대해 토론과 합의의 장을 마련하여 학술
  교류 및 통일대동한마당을 만들어 감으로써 젊은 세대의 통일에 대한
  올바른 관점과 다양한 관심을 유발시키는 필요함.

통일과정에서 나타나는 '남북갈등' 해소를 위한 방안

탈북자의 한국사회적응을 위한 프로그램을 중심으로

□ 건의배경

○ 탈북자의 수가 기하급수적으로 늘어나고 있는 상황에서 탈북자의 한국
   사회부적응은 또 다른 사회문제를 일으키고 있음.

- 2004년 현재 한국에 거주하는 탈북자의 수는 4천 5백 명을 넘어서고
  있으며 북한의 경제난이 지속되는 한 탈북자의 수는 지속적으로 늘어
  날 것임.
- 탈북자는 사회주의적 삶의 방식에 익숙한 관계로 한국사회에서 적응
  을 제대로 하지 못하고 있으며 가치관의 차이와 북한에서의 어려운
  삶이 또 다른 사회문제의 원인이 되고 있음.

○ 탈북자에 대한 교육의 양과 질을 개선하고 교육의 방향은 자본주의 삶

의 양식에 대한 이해와 적응이 중심이어야 함.

– 한국에서의 탈북자 교육은 현재 통일부 산하기관인 하나원에서 제한
적으로만 이루어지고 있으며 교육의 내용도 주로 생계를 위한 기술ㆍ
교육적 측면에서만 이루어지고 있음.

– 탈북자 교육의 주요 목표는 자본주의 삶의 양식에 대한 이해가 필요
하며 이를 현실적으로 받아들이고 적응해나갈 수 있는 프로그램을 개
발하여 교육하는 것이 중요함.

□ **정책제언**

○ 탈북자의 입장과 상황에 대한 명확한 이해와 파악이 필요함.

– 1990년대 후반부터 기하급수적으로 탈북자의 수가 상승한 것은 '고
난의 행군'으로 표현되는 북한의 경제난이 주요한 원인임.

– 탈북의 주동기가 경제적 문제인 만큼 경제적 어려움이 해소되면 다시
가족이 있는 북한으로 돌아가고자 하거나 관심을 갖게 됨.

– 탈북자의 상당수가 브로커에 의한 한국으로의 입국이 이루어지고 있
는 상황으로 또 다른 이산가족을 양산하고 있는 상황임.

○ 탈북자에 대한 교육의 목표는 생계를 위한 기술교육보다는 자본주의에
대한 이해와 삶의 방식의 적응교육이 우선임.

– 현재 하나원에서 이루어지고 탈북자 교육은 생계를 위한 기술교육이
주를 이루고 있음.

– 탈북자가 한국사회에서 적응하기 위한 가장 시급한 과제는 그동안 사
회주의 삶의 방식에 익숙해져있는 가치관과 행동양식을 버리고 자본
주의 체제에 적응할 수 있는 가치관을 심어주는 것이 필요함.

– 생계를 위한 기능의 습득은 한국사회에서 본능적으로 쉽게 적응하고
터득해 나갈 수 있지만 가치관에 대한 교육은 많은 시간과 물적 투여

가 필요함.

○ 탈북자에 대한 사회적 격리를 통한 교육은 또 다른 사회적 이질감을 양
  산할 수 있음.
  – 탈북자에 대한 격리를 통한 교육은 지극히 최소한의 기간으로만 이루
    어져야 함(한 달 정도).
  – 사회적 격리 기간이 늘어날수록 자신의 정체성(탈북자로서의 사회적 소
    외감과 이질감)을 견고히 하게 되어 교육의 효과를 떨어뜨릴 수 있음.
  – 현재 추진할 예정인 대규모 탈북자마을과 같은 시설은 북한에서 길들
    여진 사회주의적 사고방식을 버리지 못하게 하고 오히려 강화하는 역
    할을 할 것이므로 자본주의적 사고방식을 터득하는 데 걸림돌이 될
    수 있는 대규모 시설의 건설은 취소하는 것이 합당함.

○ 탈북자의 사회적응교육을 원활하게 이루기 위해서는 교육기관과 기업
  체별로 구분을 해서 위탁기관을 지정하여 장기간 교육 프로그램을 마련
  하는 것이 필요함.
  – 탈북자만을 위한 교육 프로그램은 효과를 보기 어려우므로 남한 사람
    들과 함께 생활하면서 적응해나가는 장기적인 교육 프로그램 개발이
    필요함.
  – 교육기관별, 기업체별로 탈북자 교육 위탁기관을 선정하여 정부 또는
    시민단체의 꾸준한 모니터링을 통해서 적절한 교육 프로그램을 수정
    하고 개발할 필요가 있음.

○ 탈북자의 교육은 연령별로 구분해서 교육되어야 함.
  – 탈북자를 10~20대, 30~50대, 60대 이상으로 구분하여 차별적으로
    교육하는 것이 효과를 더 상승시킬 수 있음.

– 10대는 주로 청소년 문화교육 프로그램을 통해서 자본주의사회에 자연스럽게 동화될 수 있도록 하는 것이 효과적임.

– 20대는 대학기관 등을 통해서 위탁교육을 확대하여 자율적이고 개방화된 사고를 통해 자본주의 제도의 우월성을 학습해나갈 수 있도록 하는 것이 필요함.

– 30~50대는 주로 직업 재교육 훈련을 중심으로 해서 직업이동성이 원활하게 이루어질 수 있도록 다양한 사회적응훈련을 할 필요가 있음.

– 60대 이상은 가정에서 젊은 세대와의 가치관의 충돌이 많이 발생할 수 있으므로 한국사회에 대한 문화적 이해를 수용할 수 있는 재활교육이 필요함.

한국예술종합학교 강사로 보내기

한국예술종합학교에 대한 존재는 내가 직접 강의를 나가기 전까지는 거의 들어본 적이 없는 곳이었다. 2005년 2학기부터 강의를 나갔다. 전통예술원 무용과 양성옥 교수님은 학생들에게 전설이었다. 교수지만 매일 아침 일찍 나와서 연습을 하시고 학생들을 가르치시는 것으로 유명하다. 인자하시면서도 학생들에게는 카리스마가 넘치셨다.

양 교수님은 '훈령무'를 제대로 복원하는 것에 평소 관심을 가지고 계셨는데, 우리 24반무예를 보면서 학생들에게 무예를 가르쳐야겠다는 생각을 하셨다고 한다. 무용과 학생들은 전국에서 가장 실기가 뛰어난 그룹들이라고 한다. 한예종에 합격을 하면 가문의 영광으로 생각한다고 문화예술계에서는 인식하고 있단다. 막상 그런 친구들과 겪어보니 수업태도가 진지하였고 하나를 가르쳐주면 여학생일지라도 빠르게 숙지를 했다. 나는 처음에 학생들을 지도하는 데 많이 쑥스러워했다. 다른 과와는 다르게 남학생은 1명만 있고 여학생이 다였다. 총각인 선생이 외모가 빼어난 여학생들 앞에서 가끔 주눅이 들 때가 있었다.

시간이 지나면서 여유가 생기기 시작했다. 처음에는 균형실기라는 필수과목을 지도했다. 그리고 몇 년이 지나서 한예종 전체가 교양으로 들을 수 있는「전통무예」과목으로 만들어지면서 연극원, 미술원, 영상원, 전통예술원, 무용원, 음악원 등 다양한 그룹의 학생들이 함께했다. 수업을 듣는 인원도 많게는 80명까지 들었다. 지금은 내 수업을 듣기 위해서는 수강신청 첫날 오전 10시에 시작될 때 10분 전부터 대기했다가 신청을 해도 5분 안에 신청마감이 되어버린다고 한다. 그래서 추가해달라고 하면 들어주다 보니 정원보다 항상 많이 지도하게 된다. 목검을 들고 배우는 거라 제일 큰 공간에서 지도를 해도 70명 이상은 어려운 상황이었다. 최근 SBS 드라마 〈옥룡이 나르샤〉에 나오는 조선제일검 '이방지' 역의 변요한 배우도 나에게 24반무예의 검법을 배운 제자이다. 본인은 어떻게 생각하는지 모르겠지만.

2007년에는 국립국악원에서 개최된 전통예술원 무용과 정기 발표회에서 사범들 5명과 학생들 30여 명이 함께하는 '24반무예' 공연발표도 가졌다. 반응이 무척 좋았다. 학생들 또한 검은 무사복 복장으로 멋진 안무를 소화했다. 참으로 보람이 있었던 행사였다. 우리 무예도 작품화할 수 있는 가능성을 엿볼 수 있었다. 나는 지금도 한예종 강의시간이 기다려진다. 항상 진지한 얼굴 표정과 뭔가를 배우려고 하는 열정이 느껴진다. 특히 연극과 학생들이 다수가 참여하게 되면 훨씬 활기가 돈다. 나도 연기하면 한 연기한다.

2013년 한예종 승마캠프

1994년 동학100주년 기념행사 때 민족극운동을 하시는 채희완 교수님과 최고의 광대이신 임진택 선생님이 주관을 해서 정읍을 중심으로 해서 고부봉기 및 동학을 주제로 한 작품공연, 동학군과 관군간의 전투 신, 칼의 노래라는 공연 등 다양한 행사가 1주일간 준비를 통해 펼쳐졌는데 거기에 경당사범 및 수련생 100명이 참여한 경험이 있었다. 그때 장수 역할을 했었는데 그 일을 계기로 전라도 광주의 최고의 마당극 작품을 선보여온 놀이패 신명과 함께 경당사범 4명이 배우로 출연한 〈시호시호이내시호〉라는 동학작품에 참여했다.

나는 그 작품에서 전봉준 역할을 맡았으며 호남지역 순회공연도 했었다. 가끔 그때 만났던 사람들이 생각난다. 강한 카리스마의 김은희 선생님과 윤만식 선생님, 박강의 누나, 추말숙 누나, 지정남 등 대단한 에너지가 있었던 배우들이었다. 최근에 광주에서 보니 광주 문화운동에 핵심으로 자리를 잡고 있다. 특히 지정남은 국악프로인 〈얼씨구학당〉의 사회, 라디오 진행자로 '말바우 아짐'으로 알려졌고 구수한 전라도 사투리로 각종 사회를 보면서 자신의 끼를 발산하고 있다. 광주지역에 세월호 참사로 안타까운 죽음을 당한 분들을 위해 3년상을 치루는 모임이 있는데 거기에 대부분의 배우들이 함께하는 것을 보면서 이 시대의 배우는 어떤 모습이어야 하는지를 보게 된다. 참으로 대단한 분들이고 진짜 광대이다.

여하튼 그때 출연했던 전봉준의 대사 일부를 가끔 한예종 학생들에게 써먹는다. "드디어 때가 왔습니다. 나라와 백성의 운명이 우리의 의지에 달려있다는 것을 잊지 말아야 할 것입니다." 무예를 통해서 다양한 부류의 사람들을 만나고 이렇게 문화예술인들과 함께하니 나도 어깨가 으쓱하다. 내 몸속에도 예술인의 피가 흐르고 있는지 모르겠다. 그러고 보니 내 고향 송정리에서 태어나서 최고의 명창으로 활동을 하신 임방울 선생님이 나의 먼 친척쯤 된다. 아마도 무인의 피는 평택 임씨의 대표적인 인물인 조선시대 병자호란 때 활약하셨던 임경업 장군이 계신 걸 보니 조상의 피를 무시할 수 없는가 보다.

한양대학교 장순향 교수를 만나다

사단법인 '평화300'이라는 단체가 있다. 북한돕기를 중점으로 사업을 하면서 남북관계가 안 좋아지면서 베트남 등으로 영역을 넓혀서 하는 대표적인 시민단체이다. 이 단체의 2005년 송년의 밤 행사에 가게 되었다. 한 테이블에 앉으신 분이 우리 무예에 관심을 가지셨다. 그리고 다음 날 연락을 드렸다. 그래서 지금까지 만나게 된 분이 한양대학교 사회교육원 무용과 장순향 주임교수님이시다. 전주에서 국회의원 3선을 하신 민주화운동 출신의 장영달 국회의원의 친여동생이다.

한양대 사회교육원에 호신술 수업을 담당하면서 학생들을 가르치고 장 교수님과 다양한 사회적 관계로 활동을 함께 해나가면서 많은 것을 배웠다. 장 교수님은 대단한 열정의 소유자이다. 사회교육원의 특성상 학생들의 연령층이 다양하다. 또한 직업도 다양하다. 전문 무용수나 무용학원 원장, 무용을 너무나 배우고 싶어서 신청한 평범한 주부 그리고 어린 학생들까지 다양한 그룹이 존재한다. 그만큼 학생들을 지도하는 데 어려움도 있다. 허나 때로는 친구같이 때로는 엄한 시어머니같이 다양한 모습을 보이며 학생들을 지도하고 계신다.

최근에는 세월호와 관련된 또 다양한 집회에서 춤을 추고 계신다. 이애주 교수님이나 강혜숙 교수님을 잊는 시국춤의 정신을 이어가고 있다. 내가 사무처장으로 있으면서 행사를 주관한 2015 김대중 평화캠프 행사에서 하의도에 가 김대중 대통령 생각에서 춤을 추셨는데 모두들 감명을 받았다. 그분의 춤에는 여성이지만 강한 힘이 느껴진다. 아마도 불의를 보면 가만있지 않는 전투적인 자세를 가지고 계셔서 그런지 모르겠다.

한국무술총연합회에서 무예원로를 보다

무예계에서 가장 획기적인 사건 중 하나가 바로 2008년도에

제정된 「전통무예진흥법」이다. 무진법의 통과로 많은 무예단체가 정부의 재정지원을 받으면서 무예보급을 할 거라고 생각을 했다. 그러기에 당시 연합단체가 산발적으로 만들어졌다. 다양한 세미나와 포럼도 개최가 되었으며 서로 주도하려고 노력했다. 무진법을 만드신 분이 현재 충청북도 이시종 도지사다. 또한 법안을 만드는 과정에서 실무적인 역할을 담당하신 분이 당시 서일대학교 허건식 교수였다. 소마연구소 소장으로 있으면서 무도 창립 및 무예발전에 기여를 많이 하신 분이다.

1990년대 후반에 충주세계무술축제가 만들어졌다. 그리고 많은 전국의 무예인들이 이 행사에 참가했다. 이시종 도지사님이 당시 충주시장이셨다. 충주시장 때부터 무예행사를 추진하셨고 국회의원에 당선되고 나서는 전통무예진흥법을 입안하셔서 국회 통과를 위해 수년간 노력하셨다.

그리고 충주세계무술축제를 주관하는 연합단체인 사단법인 한국무술총연합회를 결성했다. 우리 24반무예경당협회도 2005년 경에 가입을 했다. 그 연합모임을 통해서 무예단체 원로분들을 많이 뵙게 되었다. 종합격투기의 김귀진 총재님, 유술의 장만철 총재님, 해동검도의 김정호 총재님과 나한일 총재님, 특공무술의 장수옥 총재님과 박노원 회장님, 경호무술의 이건찬 회장님, 태권도의 김정기 회장님, 검예도의 장효선 회장님, 공수도의 정도모 회장님, 택견의 박만엽 상임부회장님, 국선도의 박진후 총재

님, 화랑도법의 주선동 회장, 퐈한뭐루의 문대웅 총관장님, 재남
무술원의 명성광 회장님 등 다양한 무예인들과 교류를 하였다.

무예원로분들께서 가장 관심을 가지고 있는 전통무예진흥법에
대한 나의 생각은 다음과 같다.

"2008년에 전통무예진흥법이 통과된 이후 7년이 지나가지면 구체적
인 실행이 이루어지고 있지 못하다. 체육과학연구원이나 학계에서 이
에 대한 방안을 연구하여 보고서를 만들었지만 무예단체와의 소통에
실패하고 문화체육관광부에서 이에 대한 적절한 예산을 마련하지 못
하여 더디어지고 있다.

이를 해결하기 위해서는 먼저 '무진법'을 실행하고자 하는 강력한 의
지를 가지고 있는 공익적인 집단이 필요하다. 그게 국회의원이든 문
체부의 공무원이든 구체적인 실행을 해나갈 수 있는 책임 있는 주체
가 있어야 하는데 지금 그것이 없다.

둘째로 예산을 확보해야 한다. 정부의 모든 사업은 예산이 편성되지
않으면 실행될 수 없다. 5천만 원이니 1억이니 하는 돈으로 '무진법'
을 1년 동안 실행하라고 하면 그것을 하지 말라고 하는 것과 같다.

셋째로 실행하는 주체와 무예단체간의 적극적인 소통이 필요하다. 그
와 함께 무예단체들도 자신의 이익적 관점에서만 '무진법'을 바라봐
서는 안 된다. 그러기 위해서는 합리적인 방안이 마련되어야 한다. 창
시니 복원이니 계승이니 하는 뭘 지정하기 위해서 '무진법'을 만든 것

이 아니다. 그런데 지금은 그러한 논쟁을 만들고 있다. 또한 단체 규모나 수련 인구수를 가지고 논의가 된다면 그것은 전통무예를 진흥하고자 하는 취지와 반대되는 논리로 접근하는 것이다."

- 『무예신문』(2015. 12. 14.) 인터뷰 내용 중

코리아글로브를 통해 좌우를 생각하다

2007년에 재미있는 단체를 만나게 된다. 코리아글로브인데 처음에는 야구글로브를 만드는 곳인 줄 알았다. 이 단체는 매주 화요대화마당 좌담회를 갖는다. 무려 300회 이상 진행했다. 현재 상임이사를 맡고 있는 김석규 형님은 불굴의 의지와 지치지 않는 체력을 소유한 국제주의자다. 서울대학교 국사학과를 나왔으

2011년 코리아글로브 외국인 유학생 사업 덕수궁

며 코리아글로브를 만들어서 지금까지 이끌고 있다. 초기에는 진월스님께서 대표를 맡으셨다가 사단법인화하면서 최배근 건국대 경제학과 교수님이 초대 이사장을 지금은 조민 통일연구원 부원장님이 이사장을 맡고 계신다.

나는 코리아글로브를 알게 된 게 2007년에 경당아카데미를 만들어서 운영을 한다는 소식을 프레시안에서 보고 연락을 하게 되었다. 경당이란 이름을 쓰는 곳이 거의 없기에 궁금했다. 그래서 가서 만난 사람이 초기 코리아글로브 3인방인 김석규 운영위원장님, 강성룡 집행위원장님, 김현인 사무국장님이었다. 뜻이 맞았다. 그리고 나도 코리아글로브 모임에 열심히 동참했다. 이사를 맡아서 매주 화요대화마당에도 참가를 하고 다양한 모임에 함께 했다. 이 모임의 장점은 생각이 각기 다른 이념이 각기 다른 사람

2011년 코리아글로브 외국인 유학생 사업

들이 주로 소규모로 진행되는 화요대화마당에 함께한다는 것이
다. 그래서 많은 것을 배웠다.

이 모임에서 진행되는 사업 중의 하나가 외국인 유학생을 지한
파나 친한파를 만드는 작업을 한다는 것이다. 아시아권에서 오는
대부분의 유학생은 한국에서 공부를 마치면 자국으로 가서 오피
니언 리더가 된다. 그래서 한국에 대한 외교, 통상, 문화 등 다양
한 형태의 교류를 추진할 것이다. 그렇기 때문에 한국에 있을 때
역사, 문화, 한국만의 분단현실 등을 잘 이해하고 체험할 수 있도
록 하여야 한다. 그래서 코리아글로브에서는 외국인 유학생을 대
상으로 한 프로그램을 만들어서 서울지역에 있는 역사유적 답사
라든지 다양한 문화체험을 할 수 있도록 진행하였다. 그 사업을
바탕으로 만들어진 모임이 아시아미래지식인포럼이다.

아시아미래지식인포럼을 만들다

아시아미래지식인포럼은 2010년 겨울에 대구에서 경북대학
교, 계명대학교, 대구대학교, 영남대학교의 대학원과 동북아역사
재단, 코리아글로브에서 공동주최한 세미나를 통해서 결성이 되
었다. 그동안 코리아글로브의 아시아네트워크 사업을 확대한 것
으로 당시 중국, 몽골, 베트남 등 아시아 출신의 외국인 유학생들

이 동참하여 자신의 나라에 대한 역사와 문화를 소개하는 자리가 계기가 되었다.

그 후로 대구스타디움 보조경기장에서 세계학생체육대회 및 문화의 밤 행사를 진행하였다. 외국인 유학생들을 대상으로 체육 행사와 문화 행사 그리고 역사유적답사 행사를 만들어서 진행하였다. 이를 통해서 상호 간의 네트워크가 형성이 되고 한국의 기독교, 불교 등 종교문화도 체험을 하면서 한국을 좀 더 깊이 이해하는 데 도움을 줄 수 있었다. 대구와 경북지역의 많은 대학에서 포럼 행사에 함께 해주셨는데 특히 대구대학교의 홍덕률 총장님은 물심양면으로 지원을 하면서 외국인 유학생의 다양한 교류와 만남 그리고 이를 통한 아시아의 소통과 상생을 강조하셨다.

2012년에는 아시아미래지식인포럼의 운영위원장을 배경임 NCCK교육훈련원 부장님이 사무총장을 내가 맡아서 진행을 했다. 중국 중앙민족대학의 기진옥 교수님과 연변대학교 전신자 교수님의 도움으로 아시아미래지식인포럼을 중국 북경에서 2013년부터 2015년까지 매년 학자, 전문가, 대학원생이 함께하는 국제학술회의 및 문화의 밤 행사를 진행하였다.

특히 중앙민족대학의 양성민 교수님은 중국에서 소수민족연구의 대가로서 매번 기조연설을 통해서 문화의 교류를 통한 아시아의 소통을 강조해주셨다. 북경대의 송성유 교수님, 왕원주 교수님, 중국사회과학원의 이화자 교수님께서 함께해주셨다. 아시아미래지식인포럼 출범 때부터 깊이 관여를 해온 동북아역사재단의 홍면기 실장님과 우성민 박사님의 도움으로 활동영역을 더욱 확장해나갈 수 있었다. 특히 북경대학 사학과에서 박사학위를 받으신 우성민 박사님은 매회 행사 때마다 순차통역을 직접 하면서 유창한 중국어와 지식을 동원해서 1인 3역 이상을 해주셨다.

아시아미래지식인포럼의 운영위원장인 배경임 NCCK교육훈련원 부장님은 이화여대 종교학과 출신으로 종교, 문화, 국가경영 등에 해박한 지식과 뛰어난 열정을 가지고 계신 분이다. 특히 무예가 가지고 있는 철학적 교육적 가치에 대해 중요하게 생각하고 학문과 무예를 겸전한 지도자의 필요성을 평소에 많이 주장하신

2011년 코리아글로브 외국인 유학생 사업 덕수궁

분이다. NCCK교육훈련원의 이근복 원장님과 함께 아시아미래지식인포럼이란 단체가 어려운 여건 속에서도 꾸준히 외국인 유학생 사업을 진행될 수 있도록 지대한 역할을 하셨다.

나는 2011년에 통일부에서 공모한 사업에 선정되어 신진학자로서 「외국인 유학생들의 한반도 평화통일 의식조사」란 프로젝트를 1년간 준비하여 연구보고서를 만들어 남북회담사무국에서 발표하였다. 중국, 베트남, 몽골, 일본 등 아시아권에 있는 외국인 유학생을 200여 명을 대상으로 설문조사를 진행하였으며 한반도의 역사, 분단, 통일 그리고 북한에 대한 의식조사를 실시하였다.

이 프로젝트를 진행할 수 있었던 것은 코리아글로브의 김현인 사무국장의 도움이 컸다. 현재 한국에는 10만 명가량의 외국인 유학생이 전국의 대학에 다니고 있으며 특히 7만 명 이상이 중국인 유학생이다. 상당수 지방에 있는 대학은 외국인 유학생으로 인해 그나마 학교 경영을 유지할 정도이다. 이젠 우리 사회가 외국인이나 외국인 유학생에 대한 관점과 시각이 폭 넓어져야 한다. 대한민국이 1950~70년대에 어렵게 살 때 미국, 독일 등으로 일을 위해서 공부를 위해서 갔다. 그리고 그곳에서 많은 설움과 약소국의 아픔도 겪었다.

그리고 그 당시 공부했던 수많은 인재들이 고국으로 돌아와서 국가를 건설해나가는 데 큰 기여를 하였다. 그 시절의 한국의 모습을 생각하면 지금 한국에 있는 외국인 노동자와 외국인 유학생들에게 글로벌 마인드를 가지고 서로 소통하고 상생하는 인권과 화합의 장을 만들어가야 한다.

아시아미래지식인포럼 활동내역

[2010년] 평화와 공존을 향한 아시아 미래지식인 포럼
- 일시: 2010년 12월 3일 오후 4시
- 장소: 대구그랜드호텔 리젠시홀
- 공동주최: 경북대학교 대학원, 계명대학교 대학원, 대구대학교 대학원, 영남대학교 대학원, 동북아역사재단, (사)코리아글로브
- 후원: 대구MBC, 매일신문, NCCK교육훈련원

[2011년] 대구세계육상선수권대회 및 경주세계문화엑스포 개최 기념 세계학생체육대회 및 문화의 밤 "대구·경북 세계와 만나다"
- 일시: 2011년 5월 29일 오후 2시
- 장소: 대구스타디움 보조경기장
- 주최: 계명대학교, 경북대학교, 대구가톨릭대학교, 대구대학교, 동국대학교, 동양대학교, 영남대학교, 대경대학, 영진전문대학
- 주관: (사)코리아글로브, 아시아미래지식인포럼준비위원회

– 후원: 대구광역시, 경상북도, 2011대구세계육상선수권대회 조직위
　　　 원회, 교육과학기술부, 한국도로공사, 대구MBC, 매일신문

[2012년] (1차)아시아미래지식인포럼: 문화를 통해서 본 아시아의 상
생과 미래
– 일시: 2012년 11월 9일 오후 3시 ~ 10일 오후 3시(1박 2일)
– 장소: 대구대학교 국제회의실, 대구·경북지역 종교유적지
– 주최: 대구대학교
– 주관: 대구대학교 국제교류처, (사)코리아글로브, 아시아미래지식인
　　　 포럼준비위원회
– 후원: 동북아역사재단, 아진산업, NCCK교육훈련원

[2012년] (2차)아시아미래지식인포럼: 문화를 통해서 본 아시아의 상
생과 미래
– 일시: 2012년 11월 16일 오후 3시 ~ 17일 오후 3시 (1박 2일)
– 장소: 연세대학교 송도 국제캠퍼스, 강화도 문화역사탐방
– 주최: 연세대학교
– 주관: (사)코리아글로브, Diversity Committee, 아시아미래지식인포
　　　 럼 준비위원회
– 후원: 동북아역사재단, 연세대학교 교목실, NCCK교육훈련원

[2013년] 제1회 국제학술회의: 아시아의 상생과 번영을 위한 공동체

문화 국제학술회의

– 일시: 2013년 12월 7일(토) 14:00~18:00

/8일(일) 09:00~12:30

– 장소: 중앙민족대학교 민족박물관회의실

– 주최: 중앙민족대학교, 연변대학교, 인하대학교, 아시아미래지식인

포럼

– 후원: 동북아역사재단

[2014년] 제2회 국제학술회의: 아시아의 新실크로드를 개척하자

– 일시: 2014년 11월 29일(토) 오후 1시 ~ 오후 9시

– 장소: 중앙민족대학 민족박물관 2층 회의실

– 주최: 아시아미래지식인포럼, 중앙민족대학, 연변대학

– 후원: 동북아역사재단

[2015년] 제3회 국제학술회의: 유네스코 세계문화유산을 통해본

한·중·일의 문화적 소통과 교류

– 공동주최: 아시아미래지식인포럼, 북경대학, 청화대학, 인민대학,

중앙민족대학, 연변대학, 인하대학교

– 일시: 2015년 12월 3일(목) ~ 4일(금)

– 장소: 중국 북경대학

– 후원: 동북아역사재단

민주통합시민행동 상임운영위원으로 보내기

2009년 9월 21일에 천도교 수운회관에서 민주통합시민행동 창립대회가 개최되었다. 민주통합시민행동은 각계각층 국민들의 자발적인 참여로 민주세력의 대연합을 통해 민생과 평화, 자유와 정의가 바르게 실현되는 참여민주주의 건설에 기여하는 것을 목적으로 결성된 단체이다. 결성 준비단계서부터 한양대 장순향 교수님의 추천으로 참가하게 되었다. 공동준비위원장으로 이창복, 이해동, 김홍진, 효림, 정상덕, 최영도, 노영우, 백남운 등 많은 재야 원로분들이 이 단체에 관심을 가지고 참여하였다. 거의 매주 준비위원회 등 모임이 개최되었으며 임채정 전국회의장님, 이해찬 전 총리님, 김근태 상임고문님이 회의에 함께하셔서 당시 시국에 대한 견해와 모임의 방향에 대한 의견을 주셨다.

나는 준비위원으로 참가하다가 민주통합시민행동의 창립과 함께 상임운영위원으로 활동하였다. 동아일보 해직기사 출신이신 김종철 선생님의 탁월한 리더십과 이형남 상임운영위원장님의 부지런함, 허상수 교수님의 날카로운 문제의식과 글솜씨로 조직은 빠르게 민주대통합을 위한 역할을 해 나갈 수 있었다. 이 모임을 통해서 조직을 운영하는 방식, 시민사회단체가 돌아가는 조직체계 등 다양한 경험을 할 수 있는 기회가 되었다.

민주통합시민행동 창립 선언문
– 시민의 힘으로 민주통합의 새 길을 열어갑시다.

오늘 우리는 무너져 내리는 민주주의를 되살리려고 민주통합시민행동(약칭 민주통합)의 창립을 선언합니다.

지난 8월 말 발기인대회 이후 실로 많은 시민들이 민주통합의 대의를 위해 힘과 지혜를 모아 왔습니다. 그래서 지금 이 자리에는 정파와 이념, 지역과 세대, 종교의 차이를 넘어서 민주와 민생, 한반도의 진정한 평화를 염원하는 이들이 한자리에 모였습니다. 수십 년 동안 재야에서 민주 · 민생 · 통일운동을 해온 분들, 현재 정치에 참여하고 있거나 지난 민주정부에서 공직을 맡았던 분들은 물론이고 이름이 알려지지 않은 시민들, 특히 지난해 '촛불정국' 이래 놀라운 정치적 각성을 하면서 민주주의 살리기의 새로운 중심세력으로 떠오른 젊은이들과 중장년층이 함께하고 있습니다.

지금 우리사회에는 실로 어처구니없는 반역사적, 반생명적, 반민주적 행태들이 넘실대고 있습니다. 대통령과 정부 여당은 독선과 오만으로 수십 년간 국민의 피땀으로 일구어 온 민주주의의 가치를 부정하기에 여념이 없습니다. 오로지 잘사는 1% 남짓의 특권층을 위한 정치 · 경제적 정책들이 남발되는 가운데 사회적 양극화는 돌이킬 수 없는 지경으로 악화 일로를 치닫고 있습니다. 남북관계는 얼어붙고

평화의 기운은 가뭇하게 사라지고 있습니다. 거짓과 술수가 처세의 수단이 되는 몰가치한 사회풍조가 만연하는 가운데 민족공동체의 미래를 결정할 사회적 통합도 문화적 창조력과 신명도 모두 스러지는 참담한 현상이 벌어지고 있습니다.

우리는 절차로나 내용으로나 민주주의를 부정함으로써 우리 사회의 암울한 미래를 재촉하는 현 정권의 행태를 묵과하거나 방치할 수 없습니다. 그래서 오늘 우리는 시민들의 자발적인 행동을 바탕으로 흩어져 있는 민주세력을 하나로 묶어 민주와 평화의 새로운 미래를 세우기 위해 '민주통합시민행동'의 출범을 선언합니다.

우리는 민주세력의 분열을 조장함으로써 반민주질서를 굳히려는 현 정권의 작태를 방관하는 일보다 민족사에 더 큰 죄는 없다는 깨달음으로 여기에 모였습니다. 김대중 전 대통령은 시시각각으로 다가오는 죽음의 그림자 앞에서도 "민주화를 위해 목숨 바친 이들의 피를 헛되이 하지 않으려면 민주대연합을 반드시 이루어야 한다."라고 간곡히 당부했습니다. 노무현 전 대통령은 현 정권의 비인간적 탄압과 '사람 사는 세상'이 무너지는 데 항거하는 뜻으로 부엉이바위에서 몸을 던졌습니다.

우리는 두 분의 업적과 유지를 성심껏 이어받고자 합니다. 그러나 두 분에 대한 국민의 추모에만 기댈 수는 없습니다. 우리는 지난 두 번의 민주정부가 지닌 역사적 의미를 가슴 깊이 새기되 그 과오와 시행착오는 엄정하게 평가하여 반성의 자료로 삼는 일을 게을리하지 않을 것입니다.

오늘 첫발을 내딛는 민주통합시민행동은 민주주의를 살리기 위한 최우선의 과업으로 민주대연합의 건설을 제창합니다. 오늘의 참담한 현실을 극복하겠다는 의지를 가진 여러 정당과 시민사회단체 그리고 연대운동체들이 크고 작음을 가리지 않고, 진보와 중도의 차이를 넘어 이 운동에 참여해 주기를 간곡히 호소합니다.

민주통합시민행동은 대연합의 작은 밑거름이 될 것을 다짐하면서 10월 재보선 이전이라도 야 4당, 민주와 민생 평화를 바라는 시민단체들, 연대운동단체, 여러 종단의 대표들이 한자리에 모여 '민주대연합을 위한 지도자 연석회의'를 개최할 것을 제안합니다.

민주통합시민행동은 민주와 평화를 열망하는 시민들과 함께, 시민의 힘으로, 민주주의가 승리하는 새로운 나라를 세우기 위해 치열하면서도 겸손하게 전진하겠습니다.

2009년 9월 21일
민주통합시민행동 창립회원 일동

민주통합시민행동 창립대회 경과보고

1. 모임의 배경은 현재의 상황이 민주·민생·평화의 3대 위기라는 인식과 이러한 위기를 극복하려면 민주개혁진영이 대동단결해야 한다는 공통된 상황 인식이 모임의 계기가 되었습니다.

2. 준비모임은 재야원로 중심으로 6월 30일과 7월 14일 두 차례 모임을 갖고 통합을 위한 모임이 필요하다는 데 합의하고 실무팀을 구성하여 발기인대회와 창립대회 준비를 위임하기로 결의하였습니다.

3. 7월 29일에 13명 규모의 실무팀을 구성하여 준비소위원회라 칭하고(준비소위명단: 기춘, 김진경, 노군호, 문용식, 안종주, 유시춘, 윤병길, 임한필, 이형남, 장유식, 정진우, 허상수, 현이섭) 현재까지 13차례 준비소위원회 회의를 하고 7월 31일과 8월 18일, 9월 14일 세 차례 준비위원 전체회의를 개최하였다.

4. 모임 성격을 민주개혁진영의 대통합을 촉구하는 모임으로 하고 모임의 명칭을 최대한 겸손하게 가칭 '민주통합 시민행동'으로 결정하였습니다.

5. 회원은 개인자격으로 참여하게 하여 다른 단체나 연대 움직임과의 상충을 최소화하려고 노력하였습니다.

6. 공동준비위원장은 종교계 대표와 지역대표 그리고 재야원로 대표로 구성하기로 하였습니다.

7. 준비위원과 발기인은 명목상 참여를 배제하고 실질적으로 참여하고 활동할 수 있는 인사로 선정하기로 결의하였습니다.

8. 발기인대회는 8월 27일 수운회관에서 개최하여 공동준비위원장으로 이창복, 이해동, 김홍진, 효림, 정상덕, 최영도, 노영우, 백남운 등 8분을 선임하고 창립대회 준비와 준비소위원회 구성은 공동준비위원장단에 위임하기로 의결한 바 있습니다.

9. 공동준비원장과 준비소위 연석회의를 4차례 열어 조직을 공동대표 체제로 하고 상임대표를 두며 상설의결기구로 운영위원회와 집행기구로 상임운영위원회를 두기로 하였고. 지역별로 지부를 두고 분야별로 분과위원회를 두기로 하였습니다.

10. 재정은 일반회원의 회비와 특별회비로 충당하고

11. 사업은 시민들이 쉽게 참여하고 실천할 수 있는 일부터 시작하기로 하였습니다. 작은 일부터 소통하고 신뢰를 쌓아 궁극적으로 정책연대와 선거연합을 이루어내 재보선은 물론 지방선거와 총선 그리고 대선에서 민주진영이 승리하는 것을 민주통합 시민행동의 목표로 하

였습니다.

12. 오늘의 창립대회는 이러한 목표를 향한 출정식이라 하겠습니다.

13. 창립대회 이후 매주 목요일 오후 7시에 정기토론회를 순회 개최할 예정입니다.

14. 첫 번째 토론회는 10월 8일(목) 오후 7시 민주통합 시민행동(약칭 민주통합) 사무실에서 개최할 예정입니다.

한국안보문제연구소와 인연을 맺다

한국안보문제연구소KINSA는 예비역 중장 출신이신 김희상 이사장님을 중심으로 결성된 조직이다. 김희상 장군님은 퇴임을 하신 지 오래되었지만 아직도 군에서 존경받는 분으로 수도기계화사단장, 육군본부 인사참모부장 수도 군단장, 국방대학교 총장, 청와대 국방보좌관, 비상기획위원장을 역임하셨다.

연구소 권행근 소장님과 김안국 사무국장님이 킨사에 함께하고 있다. 한국안보문제연구소에서 진행하는 킨사아카데미라는 6

개월 단위로 운영하는 교육 프로그램이 있다. 나는 이 프로그램에 10기로 참가를 하면서 2012년 상반기를 보냈다. 노재봉 전 국무총리님, 채명신 전 주월사령관님, 박세일 한반도재단 이사장님, 조갑제 기자님, 중앙일보 홍석현 회장님 등 사회적으로 명성 있는 분들의 강의를 들었다.

2013. 10. 26. 평택함 킨사 견학

특히 한국전쟁을 겪고 월남전의 영웅이신 채명신 장군님의 강연을 듣고 참 많은 것을 생각하게 되었다. 목숨을 건 전투에 수없이 참여를 하고 지휘를 하신 분 치고 평화를 애호하고 전쟁을 반대하는 목소리를 내셨다. 전쟁의 참담함을 직접 겪으셨기 때문일 것이다. 2013년도에 서거 전에도 일반병사의 묘지에 함께 묻히고 싶다는 유언으로 국립현충원의 장군묘역이 아닌 일반병사의 묘에 안장되어 계신다. 현충원에 가면 채명신 장군님의 묘소를 방문한다. 참다운 군인인 그분의 진실된 목소리가 지금도 들린다.

킨사아카데미에 강연을 오시는 분들은 대부분 보수주의자들이시다. 조갑제 기자님도 보수를 넘어 극우 보수로 분류되시는 분이다. 그러나 그분이 1980년 5·18 광주민중항쟁의 진실을 세상에 알리기 위해 노력한 사명감이 투철한 기자라는 사실을 아는 사람은 별로 없다. 그날 강의 때도 열정적으로 한국사회를 구조를 설명하고 박근혜 정부를 날카롭게 비판하는 모습을 잊을 수가 없다.

중앙일보 홍석현 회장님의 강연은 나에게 좌우의 균형을 어떻게 잡아가고 사회를 보는 눈, 세상을 보는 눈, 미래를 보는 눈을 키우게 했다. 또한 언론사 재벌의 회장이라는 편견이 깔린 시각을 일시에 무너지게 만들었다. 다양한 경험과 국제적인 안목으로 한국사회를 균형 있게 진단하고 앞으로 나갈 방향이 무엇인지에 대해 명확한 혜안으로 제시하는 것을 보면서 많은 감명을 받았다.

나는 10기 아카데미 교육을 수료하고 10기 윤재섭 회장님을 모시고 총무로서 킨사총원우회 활동을 꾸준히 해왔다. 안보현장 교육에도 참가를 하고 가끔 그 이후 아카데미 강좌에도 참가했다. 실은 우리 사회에 돈벌이와 인맥쌓기만을 위한 최고지도자과정이 대학이나 언론사 등을 통해 많이 개설되어 있다.

근데 킨사아카데미는 프로그램과 강연자 명단으로만 봐도 그런 최고지도자과정에 비교해도 손색이 없는 데로 수강료는 0원이다. 여기에 식사비, 다양한 행사참가에 들어가는 모든 비용에 일체 참가비가 없다. 모두 후원을 통해서 충당을 한다. 수강생으로 참가하는 분들도 정부기관의 고위직 인사, 언론사의 논설위원이나 기자, 기업체의 회장 등 각계각층에서 중요한 역할을 가지고 계시기에 수강료를 걷어도 충분히 내실 수 있는 분들인 데도 지금도 수강료를 받지 않는다. 순수하게 취지와 목적에 맞게 운영하고자 하는 김희상 이사장님의 의지와 함께 그렇게 운영하는 이유는 킨사아카데미에 참가하는 수강생분들이 사회 지도자로서 좋은 역할로 보답을 하면 된다는 것이다. 이런 사고와 조직이 우리 사회를 건강하게 만든다고 생각한다.

한국전통무예총연맹 사무총장을 맡다

1998년부터 한국전통무예협의회라는 이름으로 24반무예의 임동규 선생님, 선무도의 설적운 스님, 기천문의 박사규 문주님, 영가무도의 이애주 교수님, 택견의 정경화 선생님, 회전무술의 명재옥 총재님, 무의단공의 박노원 회장님, 풍류도의 태원 스님 등께서 전통무예의 발전을 위해서 매년 학술세미나와 무예발표회를 가져왔다. 2008년도에는 10년간 활동한 자료집을 만들기도 했다. 또한 매년 10월에 경주 골굴사에서 화랑무예대회를 개최하여 무예시범 및 다양한 공연을 선보였다. 2014년에는 직접 단체장님들이 30분간 무예퍼포먼스를 펼쳤다. 무예연합단체에서 이러한 성과를 만들어내고 꾸준한 활동을 해온 곳은 거의 없었다. 전통무예에 대한 열정이 살아 움직이는 분들이다.

2008년에는 서울에서 한일전통무예인교류회 행사가 진행되면서 일본의 가라테, 아이끼도, ITF태권도와 한국의 전통무예단체 간의 무예시범 등을 통해 교류회를 가졌다. 나는 그때 일본 측의 일한무도친선교류단을 조직해서 온 ITF태권도의 박정현 관장님과 친해졌다. 특히 2010년에 일본에서 있었던 제2차 한일전통무예인교류회에서 다시 박정현 관장님을 만나면서 그분의 무도에 대한 열정과 재일교포로서의 한국에 대한 사랑을 깊이 느끼게 되었다. 그리고 박정현 관장님의 동생이 박정우 사범님과 함께 서로 의형제를 맺었다. 일본과 한국을 서로 오가면서 무도인으로서 무예인으로서 어떤 삶의 자세를 가지고 살아가야 하는지에 대해 많은 얘기를 나눴다.

2010 한일전통무예인 교류회(고마신사)

　나는 2004년도부터 임동규 선생님을 통해 전무총 회의에 처음
참가하였다. 그리고 2013년 11월에 사무총장으로 임명되면서 본
격적으로 활동을 해나갔다. 제3회 한일전통무예인교류회 행사는
2014년 6월에 국회에서 가졌다. 정세균 의원실과 설훈 의원실에
서 행사를 주최해주셨다.

　당시 정세균 의원님은 한일의원연맹 고문이셨고 설훈 의원님
은 교육문화관광체육위원회 위원장이셨다. 국회회관 세미나실에
서 한일 전통무예 학술세미나를 개최하였다. 그리고 한일전통무
예인 공동선언문을 만들고 서명하고 발표하였다. 한일무예인들
이 어떤 공동된 주제를 가지고 논의하고 한일관계의 증진을 촉진
하고 무예인 간의 교류를 통한 화합과 평화를 주장하는 공동선언
문을 발표하는 것은 처음 있는 일이었다. 암수술을 하셔서 몸이

좋지 않으심에도 불구하고 80세의 몸으로 더운 여름 날 가라테 시범을 직접 보여주신 이와모또 선생을 비롯한 한국과 일본의 무예인들의 정신은 여전히 살아있음을 보여주었다.

140627 한일 전통무예 교류회 포스터

140529 한일 전통무예인공동선언문(한국어)

140529 한일 전통무예인공동선언문(일본어)

한국전통무예총연맹과 한국무술총연합회에서 그리고 YMCA 권법부에서 윤병인 관장님의 수석제자로 활동하신 박철희 사범님과 같은 무예 원로분들을 만나면서 이분들에 대한 예우할 수 있는 국가적인 제도를 마련하여야 한다고 생각한다. 스승을 통해서 제자가 배우고 자신의 꿈을 키워갈 수 있다.

그런데 무예분야에서는 평생 무도인으로서의 길을 걸었지만 말년에는 참으로 어려운 삶을 살아가는 사람이 많다. 그 흔한 연금도 받지 못한다. 정규적인 직장이 아니기에 젊어서는 몸으로 뛰어 살았지만 늙어서는 최저 생계도 해결 못 하는 어려운 원로 무예인들이 많다. 참으로 안타깝다. 무예와 같은 문화는 스스로 사업적 역량을 만들어 수익을 창출하는 것도 좋지만 기본적으로 지원을 통해서 성장한다. 원로무예인들이 지난 삶을 떳떳하게 회상하고 그 자부심을 지켜갈 수 있도록 하여야 한다. 그래야만 후배 무예인들이 스승님의 길을 배우며 이어갈 수 있도록 국가와 사회가 관심을 가져야 한다.

행동하는 양심 청년위원장이 되다

2010년도에 노무현 대통령께서 돌아가시고 김대중 대통령께서도 돌아가셨다. 참으로 안타깝고 아쉬운 해였다. 김대중 대통령을 청와대에서 모셨던 분들을 중심으로 사단법인 '행동하는 양심'이란 단체가 출범하였다. 김대중 대통령님과 함께 옥고도 치르시고 민주주의 발전에 기여를 하신 이해동 목사님을 이사장님으로 추대하고 이명식 전 인천공항공사 감사, 김한정 청와대 제2부속실장, 최경환 비서관을 상임이사님으로 선출하였다. 20여 명의 현직 국회의원도 이사로 참여하였다. 나는 유수남 감사관님의 추천으로 발기인에 참여했다. 그리고 김대중배우기 강좌와 김대중독서클럽에 참가했다. 특히 연세대 김대중도서관을 통해서 김대중배우기강좌를 들으면서 '정치인 김대중'에 대한 많은 면을 볼 수 있었다. 이후에 김대중독서클럽이 매월 개최되었고, 워크숍 행사 등이 진행되었다.

2013. 11. 28. 행동하는 양심

행동하는 양심의 가장 중요한 프로그램으로 2010년부터 8월 초에 꾸준히 진행된 하의도가족캠프였다. 목포바다를 통해서 하의도로 들어가고 하의도에서 김대중 대통령님의 생가, 큰 바위의 얼굴, 모래구미 해수욕장, 농민항쟁기념관 등을 둘러보았다. 우리는 가끔 너무 가까이 있기에 잘 안다고 생각하는 경우가 많다. 김대중 대통령님도 워낙 오랜 기간 언론을 통해서 경험을 통해서 봐왔기에 잘 안다고 생각하는 경우가 많다. 그러나 그분의 정치적 철학, 인생관, 종교관 등을 알아가면 알아갈수록 대한민국 정치사에서 위대한 지도자임을 알 수 있다. 구술을 바탕으로 경향신문 논설위원이신 김택근 선생님이 쓰신 김대중자서전 1권을 읽어보면 그 깊은 의미를 느낄 수 있다.

2015년 5차 하의도 시민캠프

나는 2011년도부터 운영위원이자 행동하는 양심 청년위원장으로서 활동을 하였다. 청년 김대중을 꿈꾸는 많은 사람들과 교류하고 학습하고 토론하였다. 행동하는 양심 임원진분들과 문창극 총리후보 사퇴를 위한 1인 시위도 국회의사당 앞에서 하고 시국선언문을 민주통합당 당사에서 발표하는 기자회견에 참가하기도 하였다. 지금 생각하면 현실 정치인으로서의 성장해나가는 과정에서는 다양한 경험을 다양하게 치르고 있었던 것 같다.

　항상 어떤 상황에서도 날카로운 비판과 통합을 위한 기본자세를 강조하신 이해동 이사장님, 유연한 자세로 김대중 대통령 관련 사업에 열정적으로 지원하는 설훈 의원님, 시기적절한 기획력과 아이디어, 부지런함으로 조직을 이끌어주신 김한정 상임이사님, 넉넉한 품성과 김대중 대통령 마지막 비서관답게 초지일관 본인의 역할에 충실하시는 최경환 비서관님 등을 통해 많은 것을 배웠다. 그리고 청년으로서의 목소리와 열정을 발휘한 이원욱 사무총장님, 정광영 감사님, 이훈 이사님, 안성주 이사님, 김찬 이사님, 한종만 사무처장님, 김홍국 이사님, 김장전 사무처장님, 안성혁 교수님, 홍희창 위원님, 나홍수 위원님, 노시권 선생님, 오정배 선생님 등 그리고 청년소사이어티 등 대학생그룹을 행동하는 양심 조직에 동참을 시키면서 알찬 기획력으로 동심을 젊게 만들어가는 최성희 차장님의 활동이 있기에 김대중 대통령님의 정신과 철학을 계승하는 일이 지속되는 것이라 생각한다.

사단법인 행동하는 양심 설립제안서

우리는 지난 6월 11일 '행동하는 양심'을 강조하신 김대중 대통령님의 생애 마지막 연설을 잊을 수가 없습니다. 역사와 국민의 편에서 깨어있지 못하고 외면하고 나태했던 우리 자신이 그렇게 부끄러울 수가 없었습니다.

김대중 대통령님은 마지막 순간까지 나라와 국민을 걱정하셨습니다. 퇴보를 거듭하는 민주주의를 염려하셨고, 서민들의 힘든 살림살이를 걱정하셨습니다. 평생 동안 그랬던 것처럼 한반도 평화를 지켜내기 위해 병마에 지친 몸을 일으켜 세우기도 하셨습니다.

그러나 대한민국 곳곳에서 벌어지고 있는 역사적 퇴행은 멈출 줄을 모르고 있습니다. 반면 민주평화개혁을 바라는 이들은 흩어져 있습니다. 그 중심에 서야 할 사람들은 국민의 신뢰를 받지 못하고 있습니다.

그나마 우리 모두가 '행동하는 양심'이길 바라셨던 김대중 대통령님의 큰 일깨움이 작은 희망이 되고 있습니다. 크게 하나가 되어 다시 국민으로부터 신뢰를 회복하라는 그분의 말씀에 믿고 따를 가르침이 되고 있습니다.

우리는 다시 김대중 정신에서부터 새롭게 시작하려 합니다. 그분은 한평생 역사와 국민 앞에 항상 당당하고 떳떳하셨습니다. 한반도의 평화 그리고 민주주의와 인권을 향한 그 힘든 길을 우회하지 않으셨습니다. 단 한 차례도 국민을 저버리지 않으셨습니다.

김대중 대통령님이 남겨주신 정신과 성과야말로 민주평화개혁세력이 다시 일어설 수 있는 큰 자산이 될 것이고, 앞으로도 여전히 우리 국민에겐 희망의 선물이 될 것입니다.

우리는 그분이 내보여주셨던 민주주의와 평화, 민생과 복지, 나라경제의 비전이 살아 있는 커다란 그림을 하나씩 완성해나갈 것입니다. 중산층과 서민 모두가 잘살 수 있는 경제적 대안을 만들어갈 것입니다. 그리고 남북 간 화해협력과 한반도 문제의 평화적 해결에도 늘 앞장설 것입니다.

이제 우리는 존경하고 사랑해 마지않은 국민을 위해 평생을 헌신하셨고, 끝내는 민주평화개혁세력 승리의 길을 보여주셨던 그분의 삶을 따라 배우고자 합니다. 생을 위협받는 순간에도 내려놓지 못했고, 병마에 지친 노구에도 모른 척하지 못했던 그분 일평생의 짐을 우리들이 그 천분의 일만큼씩이나마 나눠보려고 합니다.

김대중 대통령님의 유지 그대로 행동하는 양심으로 살고자 하는 우리들은 다음과 같은 일을 하려 합니다.

첫째, 김대중 대통령님의 철학과 가치, 비전들을 창조적으로 계승하기 위한 사업을 전개하겠습니다. 김 대통령님을 기리는 젊은이들이 모여 남겨주신 소중한 자산들을 공부하고 사회 각 분야에서 실천해 나갈 것입니다. 그리하여 김대중을 역사속의 기억이 아니라 우리와 더불어 살아 숨쉬는 '김대중 정신'으로 되살리고자 합니다.

둘째, '행동하는 양심이 되라'는 말씀대로 우리는 시대와 국민이 부여한 과업을 외면하지 않고 새로이 시작될 승리의 역사에 함께 하고자 합니다. 민주평화개혁세력의 단합과 연대에도 기여하려 합니다. 그뿐만 아니라 정치 분야를 비롯한 사회 각 분야에서 김대중 정신을 계승하고자 하는 젊은이들을 후원하고 함께하고자 합니다.

셋째, 김대중 정신과 가치를 보다 널리 알려나갈 것입니다. 우리는 각계의 전문가들과 젊은이들이 폭넓게 참여하는 대중조직을 지향할 것입니다. 특히 많은 젊은이들이 김대중 정신을 바탕으로 민주주의를 발전시키고, 남북의 평화와 통일을 준비하며, 중산층과 서민이 주인 되는 따뜻한 사회를 만들어나가는 데 나설 수 있도록 할 것입니다.

이제 우리는 (가칭) 사단법인 「행동하는 양심」 설립을 추진할 것입니다. 올해 안에 사회단체·정당·여성·종교·청년·문화·교육·지역사회·해외 등을 포괄하는 '행동하는 양심 발기인 대회'를 개최하려 합니다. 발기인대회를 통해 '창립준비위 구성', '조직운영과 사업' 등에 대한 지혜를 모으게 될 것이고, 이후 '창립대회'를 통해 사단법인의 운영과 사업, 예산 문제 등을 토론하고 확정하게 될 것입니다.

발기인대회 준비부터 실제 사단법인의 운영에 이르기까지 창의적이고 자발적인 구성원들의 노력이 필요합니다. 아이디어를 내고 자원봉사에 나서며 회비를 모금하고 기금을 마련하는 것에서부터 법인이 벌여나갈 각종 사업에 이르기까지 구성원의 작은 실천들을 모아 나가야 합니다.

김대중 대통령님을 배우고 따라가는 그 길 위에서 우리는 희망을 이야기할 수 있으며, 승리를 기뻐할 수 있을 것입니다. 우리 모두 '행동하는 양심'으로 항상 깨어있기를 희망합니다.

2009. 10.

사단법인 '행동하는 양심' 설립제안자 일동

세계무예포럼을 만들다

2011년 겨울에 전화가 왔다. 경민대학교 태권도외교과 김영욱 교수님이신데 학생들에게 전통무예를 익히게 하고 싶어서 강의를 맡아달라는 것이었다. 찾아뵙고 얘기를 들어보니 2년 동안 내가 활동하는 모습을 블로그를 통해서 관찰해오셨다고 한다. 고마웠다. 그리고 한편으로는 조심히 열심히 보내야겠다는 생각이 들었다. 언제 어디서 누군가가 자신을 주목하고 지켜보고 있다는 것을 생각하면 더욱 그렇다. 나는 오로지 태권도만을 생각하고 태권도를 통해 대학까지 진학한 학생들을 생각으로 한국의 전통 무예인 24반무예를 가르쳤다. 주로 검술, 권법, 봉술을 중심으로 가르쳤다. 처음에는 '이게 뭐야?' 하는 듯한 눈빛들이었는데 생각보다 빨리 재미를 붙이고 열심히들 배웠다.

태권도는 대한민국의 국기다. 1950년대부터 태권도라는 무도 명칭과 무도체계가 정립이 되어가기 전부터 많은 무예사범님들이 대한민국의 이름을 걸고 해외에서 무도를 보급해갔다. 그 당시 태권도 사범들은 애국자였다. 미국, 유럽, 중남미 대륙뿐만 아니라 아프리카의 오지에까지 보급에 나섰다. 한국과의 외교관계가 수립되기 이전부터 그 나라에 가서 태권도를 통해 대한민국을 알린 사범들은 당시 외교관이 풀 수 없는 문제를 교민들을 위해서 풀어간 분들이다.

지금도 세계 곳곳에 스포츠 외교관으로서 역할을 돈독히 하고 있다. 국술, 해동검도, 택견 등 한국의 무예도 전 세계에 보급되어있다. 이젠 사범 개인의 역량에 모든 것을 맡길 것이 아니라 국가에서 관리를 해야 한다. 더 유능한 스포츠 외교관으로서의 역할을 해나갈 수 있도록 교육 프로그램을 만들고 정치외교학, 심

리학, 어학, 해당 지역의 문화, 역사, 풍습 등을 미리 익힐 수 있
도록 인재를 체계적으로 양성해야 한다.

　　우리나라에는 수많은 도장을 통해서 무예지도자가 양성이 되
고 또 그 지도자를 통해서 어린 학생들이 품성과 인격을 배워가
고 있다. 하지만 그 지도자에 대한 제도적 인성교육 및 학습을 해
나가는 시스템은 구축되어 있지 못하다. 그야말로 그냥 자기 스
스로 알아서 해야 한다. 도장 운영에 허덕이는 관장이나 사범들
은 자기수양을 위한 시간과 여유가 필요하다. '무예지도자인성교
육센터' 등의 기관을 각 시도별로 설치하여 지도자들에게 인문학,
심리학, 문화예술 등 체계적이고 지속적인 자기계발과 좋은 품성
을 갖출 수 있도록 교육하는 것이 필요하다. 예를 들어 모든 도장
이 한 달에 한 번 금요일에는 지도자의 날을 정하고 '무예지도자
인성교육센터'에서 학습하고 여유를 즐기는 시간을 의무적으로
갖도록 국가의 지원이 필요하다.

　　이러한 취지로 2013년 11월에 사단법인 세계무예포럼을 창립
하였다. 학계, 무예계, 전문가 등 50여 명이 함께하는 비영리단
체로서 무예인들의 권익보호와 함께 무예인과 단체 간의 상호 교
류와 화합의 장을 마련하고, 무예지도자들의 인성교육을 위한 프
로그램을 만들어 올바른 인재를 양성해나가는 것을 목표로 활동
을 해오고 있다. 경민대학교 김영욱 교수님께서 회장을 맡고, 내

가 전무이사를 맡아서 조직을 결성하였다. 현재 김소아청소년과 병원 김혜옥 원장님이 운영회장을, 키즈태권도프로그램 개발자인 김상건 교수님이 법인교육원장을, 이명호 동물병원장님이 경기도협회장을 맡고 계신다.

세계무예포럼 창립 취지문

세계의 가장 역동적인 문화유산이라고 할 수 있는 무예를 통해 무예단체 및 무예인 간의 교류와 화합을 지향해나가고 무예지도자의 올바른 인격 향상을 위해서 인문교양 및 문화교육을 배양하고 국가 및 사회에 적극적으로 봉사하여 국위 선양 및 세계 인류공영에 이바지함을 본회의 목적으로 한다.

이러한 목적을 달성하기 위해서 본회는

1. 한국 및 세계의 무예에 대한 연구
2. 세계 무예문화에 대한 연구 및 무예문화프로그램 개발
3. 세계 무예단체 및 무예인 간의 상호교류 및 화합을 위한 세미나 개최
4. 한국의 무예를 세계에 전파하기 위한 시범단 운영
5. 무예지도자의 인문 및 문화 교양의 수준을 높이기 위한 아카데미 운영
6. 재능기부를 통해서 사회안전을 위한 예방활동 및 사회봉사단체 운영

7. 교육이수를 통한 인증자격증 발급

8. 도장 운영 및 관리를 위한 프로그램 개발 및 교육 등의 사업을 해 나가도록 한다.

2014년 11월 14일에 국회의원회관 제1세미나실에서 국회 대중문화미디어연구회와 세계무예포럼 주최로 박근혜정부의 창조경제 활성화를 위해 우리 고유의 역동적 문화유산인 '무예'(武藝)로 영화, 연극, 공연, 시범 등의 문화콘텐츠를 개발하고 이를 지역경제 활성화의 원동력으로 만들어갈 수 있는 토대가 될 수 있도록 무예계, 학계 전문가들이 모여서 토론하고 방안을 마련하는 학술세미나를 개최하였다.

〈2014 대중문화미디어 학술세미나〉
무예콘텐츠개발을 통한 대중문화 활성화 방안

○ 일시: 2014년 11월 14일(금) 오후 3시 ~ 5시 30분(2시간 30분)

○ 장소: 국회회관 제1세미나실

○ 주최: 국회 대중문화미디어연구회

○ 주관: 사단법인 세계무예포럼

— 세미나 주제 발표 및 토론 —

ㅇ 기조발제: 공연제작을 위한 콘텐츠개발과 창조경제

[발제자] 한경아('점프' 공연제작자, ㈜쇼앤아츠 대표이사)

[사회자] 진지형(연세대학교 이학박사)

ㅇ 소주제:

1. 창조경제를 통한 지방자치단체의 경제활성화 방안: 무예공연콘텐

츠개발사례를 중심으로

[발표자] 임한필(사단법인 24반무예경당협회 사무총장)

[토론자] 최원석(재단법인 한산대첩기념사업회 기획과장)

2. 고령화 사회, 운동을 통한 건강관리

[발표자] 이재현(고려대학교 이학박사)

[토론자] 오정화(서울시 건강증진과 주무관)

ㅇ 라운드테이블

[사회자] 김영욱(사단법인 세계무예포럼 회장)

[토론자] 김상건(파주태권도협회 회장)

[토론자] 주낙범(유코프로 대표)

[토론자] 설적운(대금강문 선문도 문주)

[토론자] 박성희(경민대학교 간호과 교수)

2014년 12월에는 제1회 세계무예대상 시상 및 송년의 밤을 2015년 3월에는 WMF실업팀태권도품새단을 창립하였다. 2015년 2월부터 10개월에 걸쳐서 어르신 건강 프로그램을 프로젝트 팀을 만들어서 개발해왔다. 2016년 2월에 책이 발간될 예정이다. 체육학, 의학, 생리학, 스포츠마케팅, 전문무예인으로 구성된 다봉무예팀은 봉으로 할 수 있는 동작과 무예를 스트레칭과 신체 바란스 유지 및 노화 방지를 위해 취할 수 있는 기본적인 동작을 완성하였다.

그리고 공격과 방어가 가능하도록 호신술도 개발하였다. 음악에 맞게 동작을 취하는 음악다봉무예, 태권도품새처럼 기본틀을 갖춘 품새다봉무예, 호신다봉무예 등으로 분류해서 남녀노소 특히 어르신들이 쉽게 배울 수 있도록 구성하였다. 김영욱 교수, 김혜옥 박사, 진지형 박사, 이재현 박사, 임한필 겸임교수가 함께 50여 차례에 걸쳐서 팀회의를 함께했다.

2014. 03. 22. 세계무예포럼 개소식

학이재와 한평아카데미를 만나다

나는 2011년 41살의 나이로 결혼을 했다. 그러고 보니 나는 모든 게 늦깎이 인생이다. 고등학교도 1년 휴학을 해서 1년 늦게 졸업하고 대학도 8년 늦게 들어가고 대학원도 남보다 늦게 들어갔다. 그리고 결혼도 늦어졌다. 그나마 결혼을 할 수 있었던 것은 김대중 배우기 강좌에서 별도로 대학생 및 대학원생을 대상으로 한반도 스터디를 했는데 그 스터디를 이끌어 주신 분이 정세현 前 통일부 장관님 때문이다. 남자가 학문을 지속하려면 결혼을 해서 성인으로 먼저 인정을 받아야 한다고 강조하셨다. 정신을 차렸다. 그리고 허진애라는 성균관대 패션디자인학을 전공한 여인과 두 달 만의 연애 끝에 결혼했다. 모든 게 일사천리였다. 정신이 없었다. 그리고 결혼 후에도 정신없었다. 주례를 정세현 장관님께서 봐주셨다. 여러모로 정세현 장관님은 나의 은인이자 스승이시다.

그 스승님께서 북한학으로 박사 논문을 쓰고자 하는 박사 과정생을 대상으로 학이재學而齋라는 모임을 통해 논문 지도를 하셨다. 강남에 있는 정세현 장관님의 연구소에서 2011년부터 근 2년간 일주일에 한 번씩 스터디를 하였다. 그 모임을 통해서 중국의 리상우 서강대 박사, 황재옥 이화여대 박사, 정일영 성균관대 박사, 윤은주 이화여대 박사, 송경민 연세대 박사가 나왔다. 내가 아무래도 몇 년 내에 막차를 탈 것 같다. 여기서도 늦깎이다. 학이재를 통해서 다시 한 번 석사 때 공부하였던 북한학을 재정리하는 시간을 가졌다. 특히 실무와 이론을 모두 겸비한 정세현 장관님의 매우 날카로운 질문과 분석은 함께 공부하는 학생들을 당황스럽게 만들었다. 끊임없이 재촉하는 "박사 논문을 쓰라"라는 장관님의 말씀에 모두 쥐구멍이라도 들어가고 싶은 심정이다. 나도 이젠 쥐구멍에서 나와야 겠다. 어둠의 세계에서 밝음의 세계로 나가듯.

또 다른 북한학 공부 모임에 참가했다. 사단법인 한반도평화포럼에서 주관하는 한평아카데미 프로그램이다. 사단법인 한반도평화포럼은 전쟁과 분단을 극복하고 통일 지향의 평화운동을 추구하는 민간포럼으로서 임동권 前 통일부장관님과 백낙청 서울대 명예교수님이 공동이사장으로 있고 정세현 장관님이 상임대표로 있는 조직이다. 이종석 통일부 장관, 문정인 연세대 교수, 백승헌 변호사, 최영애 대표 등 한반도 평화와 남북관계, 민족문제 등을 연구하고 있는 학자들과 종교, 문화, 시민사회 영역에서 관련 문제를 실천적으로 해온 인사와 중견 실무자들 및 관련 분야 전직 관료들이 참여하고 있는 단체이다.

2013년 The Pacific Century Institute의 후원을 받아서 한반도평화포럼이 주최한 이 프로그램은 한반도 평화 및 남북관계와 동북아 지역 및 국제정치 분야에 대한 차세대 전문가를 육성하는데 목적이 있었다. 젊은 피스메이커들에게 심화 학습을 시키는 것이었다. 2014년 1년간 격주 1회 목요일에 세미나를 개최하였다. 상당히 짜임새 있는 커리큘럼으로 한동대 김준형 교수님과 인제대 김연철 교수님, 서울대 장용석 선임 연구원님이 열정적으로 이끄셨다. 마지막 논문을 쓰면 수료를 하는 과정으로 지금도 지속되고 있다. 한평아카데미 1기를 통해 학문의 벗과 인생의 선후배를 만났다. 이렇게 북한학을 공부하는 젊은 피스메이커들은 씨줄과 날줄로 엮여있다.

김대중 평화캠프 조직위원회 사무처장이 되다

2010년부터 사단법인 행동하는 양심에서 진행된 하의도가족 캠프를 확대해서 전국적으로 확대해가는 의견이 사단법인 민생 평화광장 상임대표이신 최경환 비서관님으로부터 나왔다. 전국에 김대중 대통령님의 정신과 철학을 계승하겠다는 기본 취지에 동감하는 15개 정도 단체의 실무자들이 함께했다. 그리고 김대중 대통령님 서거 5주기가 되는 2014년 8월 2일부터 3일까지 목포와 하의도를 일정을 콘서트, 추도식, 체육대회 등을 준비했다. 행사 며칠 전에 태풍이 오면서 목포에서 하의도로 가는 배편이 뜨지 못하는 상황이 되었다.

그럼에도 불구하고 진행되었고 500여 명의 인원이 모여서 목포김대중노벨평화상기념관 관람, 목포문화예술회관에서 신형원 등 참가한 평화콘서트가 진행되었다. 다음 날에는 목포국제축구센터 실내체육관에서 추도식을 가졌고 올라가는 길에 단체로 5·18 국립묘지를 참배했다. 천재지변으로 인해 하의도를 못 간 것이 많이 아쉬웠지만 예정에 없는 5·18 국립묘지가 좋은 반응을 보였다.

2015년도 김대중 평화캠프의 좀 더 체계적인 준비를 위해서 조직구성을 먼저 하기로 했다. 2014년도 겨울에 기획안 및 조직안을 마련해서 2015년 1월 17일에 국회회관 제2간담회실에서 1차 모임을 가졌다. 2015 김대중 평화캠프 조직위원회 명예위원장으로 이해동 행동하는 양심 이사장님으로 추대하고 집공동위원장에 설훈 국회의원님 등 각 단체 대표자급 20여 명을 선임했다. 그리고 행사를 총괄할 집행위원장에 민생평화광장의 최경환 비서관, 실무를 총괄한 사무처장에 행동하는 양심 임한필 청년위원장을 선임하였다.

그리고 사무국장에 박현숙 민생평화광장 사무국장을 선임하였다. 그리고 그 후 5차례에 걸쳐서 서울, 대전, 부산, 광주를 돌면서 실무회의를 진행했다. 행사개최 두 달 전부터는 광주와 목포 김대중노벨평화상기념관에서 매주 회의를 가졌다. 자원봉사단장으로 20여 명의 자원봉사단을 이끌 고재옥 단장님과 행사진행을 총괄할 분으로 김병헌 사무처장님, 홍보와 진행을 책임질 분으로 김종언 팀장님이 수고해주셨다.

드디어 2015년 8월 1일 행사 날이 왔다. 오전 9시 30분부터 국립 5·18 묘지에 전국에서 오는 단체들이 하나하나 집결하기 시작했다. 이번 행사의 참가단체인 (사)행동하는 양심, (사)민생 평화광장, 김대중사이버기념관, 청년소사이어티, 인천 행동하는 양심, 부천 행동하는 양심, 행동하는 양심광주전남협의회, 김대 중부산기념사업회, 평화통일대구시민연대, 대구 중·남구 시민정 치, 남양주동심포럼, 행동하는 양심 충북모임, 김대중평화정신선 양회(목포), 고양 행동하는 양심(준), 수원 행동하는 양심(준), 제 주김대중기념사업회(준), 군산 행동하는 양심(준), 광산문화경제 연구소(광주)의 참가자 700여 명이 모였다.

국립 5·18 묘지에서 참배가 있었으며 점심을 광주의 세월호 참사 추모 3년상을 준비하는 곳에서 멋진 밥상을 준비해주셨다. 다음 행선지에 목포 김대중노벨평화상기념관으로 향했다. 최명 호 기념관장님과 김석이 팀장님의 인솔하에 지역별로 자율적으 로 관람을 하였다. 개회식에서 죽전 송홍범 회장님의 멋진 서예 퍼포먼스가 있었다. 다음으로 전영자 회장을 중심으로 한 목포해 설사 10여 분이 함께하셔서 목포 시내 관광을 지역별로 하였다. 김대중 대통령님이 다니신 목포상업고등학교, 북교초등학교와 근대역사관, 목포수산물시장 등 목포시내관광을 하였다. 목포의 맛집에서 저녁식사를 하였다. 다시 김대중노벨평화상기념관 특설무대에서 김대중평화콘서트가 진행되었다.

김대중평화콘서트는 세계적인 수준의 목포의 극단인 갯돌에서 총괄해줬다. 손재오 연출감독님과 임대성 조연출님이 수고를 해주셨다. 사회는 지정남 선생님이 맡아주셨다. 정철호 선생님과 전정민 명인의 멋진 우리 소리가 있었고 신형원 가수의 신나는 노래와 함께 광주 시각장애인합창단과 정별님, 하의초등학교 학생들의 노래공연, 24반무예경당협회의 무예시범이 있었다. 김재영 시인님의 시낭송도 있었다. 중간중간에 김대중 대통령님의 주요한 일대기를 다룬 연극을 극단 갯돌이 준비하였다. 숙연한 모습 속에 감동적인 공연이 이어졌다.

마지막으로 안치환 가수의 폭발적인 무대매너와 적절한 멘트로 관중을 휘어잡았다. 얼마 전까지 암투병을 해왔다는 사실이 믿기지 않을 정도로 열정적으로 해주셨다. 대성공이었다. 전체적인 작품을 통해서 김대중 대통령님을 관중들이 만나게 되고 또 무겁게만 보이지 않고 편한 다정한 존재로 인식하는 데 좋은 계기가 되었다.

저녁에 목포해양대학교 기숙사에서 숙박을 했다. 간단한 수박

등의 간식으로 시원한 목포 여름바다를 보았다. 행사진행팀은 새
벽까지 목포에서 하의도까지 지금까지 한 번도 있어본 적이 없는
800여 명 가량의 대이동을 어떻게 안전하게 이동을 하고 행사를
진행할 것인지를 상의하고 준비했다. 새벽 4시 30분부터 시작된
아침식사와 차량으로 목포여객선터미널까지 이동을 무사히 마쳤
다. 제주, 부산, 인천, 수원, 대구, 청주, 서울, 고양, 남양주, 부
천, 화성, 군산, 대전 등 다양한 곳에서 오신 분들은 하의도로 갈
시간을 김대중 대통령님을 만날 시간을 날을 새며 설레는 마음으
로 기다리는 분들도 계셨다. 하의도로 가는 여객선을 탔다. 목포
의 바다는 다행히 잠잠했다. "사~공의 뱃노래, 가~물을 거리는
삼학도 파도 깊이 스며드는데……" 어디선가 목포의 눈물이 흘러
나왔다.

  하의도에 도착해서 준비한 20인승 버스 10여 대로 농민항쟁기
념관 관람을 거쳐 김대중 대통령 생가로 이동했다. 생각에서 추
도식을 가졌다. 이번 행사의 명예위원장께서는 피를 토하는 심
정으로 박근혜 정부를 규탄하고 앞으로 통합과 승리의 길을 가야
한다는 추도사를 낭독하셨다. 김대중 대통령님이 그립습니다. 박
지원 의원님 등 지역의 국회의원, 기관장이 말씀과 함께 정용주
민중가수의 힘찬 노래와 권경업 시인의 시낭송 그리고 강한 춤사
위로 김대중 대통령님의 추모공연을 마무리한 장순향 교수님의
살풀이춤 공연이 있었다. 이충만 하의도 면장님과 하의도의 부녀

회에서 준비한 맛있는 식사와 식당에서 하의도 별미를 먹으면서
행사의 피날레를 장식하였다.

이번 행사는 (사)김대중평화센터, 연세대학교 김대중도서관,
(재)김대중노벨평화상기념관, 전라남도, 목포시, 신안군, 화순군
에서 후원을 하였다. 그리고 20여 개 시민단체의 실무진들께서
무려 6개월간 회의에 함께하고 또 이틀간의 행사에 잠 안 자고
뛰었다. 서울의 최성희, 고양의 전근배, 남양주의 김기식, 수원
의 김영재, 부천의 이재영, 인천의 이승국, 대전·충청의 최영, 부
산의 최종태, 대구의 김동열, 제주의 김종혁, 광주의 윤태호 님이
함께 했다. 허진 사진작가님께서 매회 행사 때마다 사진촬영으로
기록을 해주셨다. 원래 1980년대부터 김대중 대통령의 사진을

찍으셨다. 대단한 열정이고 희
생이었다. 이번 행사를 집행위
원장으로서 총괄적으로 기획하
고 진행하신 최경환 비서관님
은 진정한 김대중 대통령님의
마지막 비서관이시다.

150803 김대중 평화캠프 포스터

2015 김대중 평화캠프 행사일정안내

● 첫째날: 8월 1일(토)

• 11:00 국립 5·18 민주묘지 집결(단체 티셔츠 배분) 및 참배 (1시간)

• 12:00 점심식사(광주) (1시간)

• 13:00 광주출발 및 목포이동 (1시간)

• 14:00 목포김대중노벨평화상기념관 관람 (30분)

• 14:30 김대중 평화캠프 개회식 및 참가단체 소개(기념관특설무대)
  (50분)

• 15:20 목포자유관광 및 저녁식사(각 단체별) (2시간 40분)

  ※목포해양대 기숙사(숙소) 휴식문제는 자율판단, 18:50까지 공연
    장 집결 요망

• 18:50 목포김대중노벨평화상기념관 집결 및 공연관람 준비

• 19:00 김대중평화콘서트(기념관특설무대) (2시간 30분)

• 22:00 숙소 도착 및 휴식, 화합마당(기숙사 앞마당)

● 둘째날: 8월 2일(일)

• 05:00 아침식사 (목포해양대학교 기숙사 식당) ([1시간)

• 06:30 하의도행 출발1팀(400명) / 조양페리호예약선 (목포여객선
  터미널) (2시간)

• 06:30 하의도행 출발2팀(200명) / 조양페리호정기선(목포여객선
  터미널) (2시간 40분)

- 08:30 하의도 도착1팀(400명) / 농민항쟁기념관 관람 및 김대중대통령생가방문
- 09:10 하의도 도착2팀(200명) / 농민항쟁기념관 관람 및 김대중대통령생가도착
- 10:00 김대중대통령 서거6주기 추도식(김대중대통령생가) (1시간)
- 11:00 점심식사 및 자유시간(하의초등학교)
- 13:30 목포행 출발1팀 / 조양페리호정기선(수도권지역 240명) (2시간 40분)
- 13:50 목포행 출발2팀 / 조양페리호예약선(비수도권지역 360명) (2시간)
- 15:40 목포여객선터미널 도착1팀(수도권지역 240명) 및 해산
- 16:10 목포여객선터미널 도착2팀(비수도권지역 360명) 및 해산

국회의원에 도전하다

고등학교 때 혁명을 꿈꿨다. 세상이 변화되어야 한다고 생각했다. 사회변혁을 위해서 내 한 몸 바쳐야 한다고 생각했다. 1988년 5공 청문회장에서 자신만을 변명하고 모르쇠로 일관하는 전두환을 향해서 명패를 집어던지는 변호사 출신의 노무현 국회의원을 보면서 국회의원의 한계를 나는 보았다. 세상을 바꾸는 힘은 제도권에 있는 게 아니라 밖에 있다고 생각했다. 그래서 직업적

혁명가를 꿈꿨다. 반드시 세상을 뒤엎어버리겠다고 생각했다. 그러면서 고등학교를 휴학하고 복학하고 하면서 보냈다. 하지만 세상은 그리 만만하지 않았다.

그 후 새로운 사회진출로서 경당이란 단체를 선택에서 문무를 겸전한 민족간부가 되기 위해 노력했다. 그리고 합법적인 공간에서 공부를 위해 늦게 대학을 선택했다. 북한학을 공부하고 정치학을 공부하고 법학을 공부했다. 그 과정에서 나는 세상을 경험해나갔다. 24반무예를 보급하고 전통문화를 어떻게 보존하고 계승할 것인지를 고민했다.

다양한 모임을 만들고 가입하고 활동을 하면서 새로운 사람들을 많이 만났다. 그리고 그들의 열정과 희생을 배웠다. 무엇이 강철을 단련시키는가? 그것은 바로 사람이다. 사람이 답인 것이다. 2012년 어느 때인가 더 늦기 전에 오래전에 꿈꿔왔던 꿈을 현실화시켜나가야겠다고 생각했다. 주변 분들의 권유와 내 의지가 결합을 해서 제20대 국회의원 선거에 출사표를 2015년 12월 14일에 광주광역시청 브리핑룸에서 던졌다. 이제 새로운 도전이 시작된다. 다시 한 번 나는 고등학교 시절 힘들었을 때 자신을 다잡았던 금호인의 신조를 광야에 외쳐본다.

"나는 무한한 가능성을 향해 불굴의 신념이 넘치는 자신감과

끈질긴 인내와 노력으로 성취의 길을 간다!"

제20대 국회의원 선거 출마선언문
임한필 출마 기자회견

존경하고 사랑하는 광주시민 광산구민 여러분!

저는 오늘 엄숙한 마음으로 내년 4월 13일에 실시되는 제20대 국회의원 선거에서 제 고향인 광주 광산갑 출마를 선언합니다.

저는 그동안 학문과 무예를 겸비한 문무겸전의 지도자가 차세대의 리더가 되어야 한다는 신념으로 대학과 대학원에서 정치학, 북한학, 법학을 공부하였으며, 광주 광산을 시작으로 전국에 보급된 조선의 군사무예이자 한국의 전통무예인 24반무예를 국내외에 보급하면서 경민대학교, 한국예술종합학교 등에서 학생들을 가르치며 일상의 삶을 충실하게 살아왔습니다.

또한 김대중 대통령의 정신과 철학을 계승하는 전국모임인 사단법인 행동하는 양심의 청년위원장 및 운영위원으로서, 2015 김대중 평화캠프 조직위원회 사무처장으로서 활동을 하며 정치적 사회적 문제에 대해 행동하는 양심으로 살아가고자 노력하였습니다. 저는 이러한 경험을 바탕으로 혐오의 대상이 되어버린 대한민국의 정치를 변화시켜 나가겠습니다. 정치를 상생과 희망의 도구로 만들겠습니다. 광산과 광주와 호남의 희망을 위해 그리고 국가의 미래를 위해 헌신하겠습니다.

존경하고 사랑하는 광주시민 광산구민 여러분!

최근 한국의 정치가 요동을 치고 있습니다. 주민의, 시민의, 국민의 머슴이 되어 서민의 어려운 경제적 현실을 극복하기 위해 방안을 모색하고 올바른 정치를 선도해나가야 할 국회의원들이 자신의 기득권만을 지키고 배지 몇 번 다는 데만 몰두하는 작금의 현실이 개탄스럽습니다.

제가 출마하는 광산갑의 현직 국회의원도 3선의원으로 무려 12년 동안 보냈으나 정치적 비전을 제시하지 못하고 지역경제발전을 만들어 내지 못했습니다. 그럼에도 불구하고 다시 4선이라는 고지만을 넘보고 있습니다. 광주에서 3선 중진의원으로서 제 역할을 해내지 못했다면 차세대 주자인 정치 신인들이 새로운 정치를 해나갈 수 있도록 불출마 선언을 통해 과감히 길을 열어주어야 한다고 생각합니다. 김대중 대통령의 정무기획비서관 출신답게 진정 김대중 정신이 무엇인지를 솔선수범해서 보여주길 바랍니다.

이번 제20대 국회의원 선거에서는 청년 김대중의 정신을 실현할 수 있는 가능성이 있는 정치 신인에게 기회를 주어야 마땅하다고 봅니다. 광주와 호남의 정치혁신을 위해 좌고우면하지 말고 불출마의 결단을 내리길 강력히 촉구합니다.

존경하고 사랑하는 광주시민 광산구민 여러분!

지난 12년 동안 우리 지역의 발전은 멈추었고, 성장 동력은 활력을 잃었습니다. 얼마 전 국회를 통과한 내년도 국고예산을 보고 저는 침통함을 금할 수 없었습니다. 타 시도에서는 천문학적인 예산을 가져간 데 비해 우리 지역은 6대 광역시 중 꼴찌라는 게 말이 됩니까? 대구 경북은 그렇다 치고 전북과 강원만도 못한 입장이라니요! 이 지역의 기존 정치인들은 국회 예산심사 및 처리과정에서 도대체 무엇을 했는지 묻지 않을 수 없습니다. 이 지역에 대한 상대적인 박탈감과 지역민들의 허탈함을 어떻게 어루만지겠습니까?

이번 총선은 대한민국 정치의 중심인 광주를 결속시키고, 광산을 광주와 호남 정치의 새로운 일번지로 일으켜 세워야 합니다.

그러기 위해서는 임한필이 희망입니다. 저는 광주시민을 최우선으로 섬기고, 광산구민의 삶을 보살필 고단한 머슴이 되겠습니다. 과거 문무를 겸비한 선비들이 국가적 위기가 닥쳤을 때 대쪽 같은 성품으로 지조를 지켰고 또 의병을 일으켜 나라와 백성을 지켰습니다. 이제 우리는 썩어빠진 정치를 제대로 세우기 위해 의리의 정치인, 희망의 정치인, 미래의 정치인을 선택해야 합니다.

저는 김대중 대통령께서 말씀하신 서생적 문제의식과 상인적 현실감각을 갖춘 지혜롭고 당당한 정치인으로서 대한민국의 정치판을 바꾸겠습니다.

존경하고 사랑하는 광주시민 광산구민 여러분!

광주는 5·18의 인권, 민주, 평화의 정신이 여전히 살아있는 곳입니다. 아시아 인권의 도시이자 아시아 문화의 도시입니다.

저는 한국에서 거주하는 10만 명이나 되는 외국인 유학생에게 한국의 역사와 문화를 소개하고 학술적 교류를 통해 아시아의 상생과 번영을 모색하는 아시아미래지식인포럼의 사무총장으로 활동해왔습니다. 중국 북경에서 해마다 학자와 전문가, 대학원생들이 함께하는 학술세미나를 진행해오고 있습니다. 이런 경험을 바탕으로 광주가 다양한 콘텐츠와 네트워크를 가진 진정한 아시아 문화의 중심도시로서 자리 잡을 수 있도록 혼신의 노력을 다하겠습니다.

광주 광산의 가능성은 무궁합니다. 광산은 전형적인 도농복합도시로서 산업공단과 더불어 아름다운 극락강과 황룡강, 어등산과 용진산이 있습니다. 이러한 환경과 생태를 잘 보존하면서 경제적·문화적 벨트를 구축하여 광산 발전의 활기찬 동력으로 만들어가야 합니다. 또한 빠른 시일 내에 광주공항 및 공군기지를 이전하고 주거, 교육, 레저, 기업, 교통, 문화, 행정을 아우르는 광주 최대의 도심을 건설해 광산이 광주와 호남의 중심으로 우뚝 서도록 해야 합니다.

첨단산업과 전통산업이 어우러진 매력적인 광산구의 청사진을 만들고, 그 청사진의 완성을 위해 입법 지원과 예산 확보에 매진할 것입니다. 첨단산업과 전통산업이 공존하는 광산구의 미래, 임한필이 제시하는 상생과 희망의 양대 축입니다.

저는 광산을 광주와 호남의 개혁정치의 일번지로 만들고, 극락강과 황룡강을 아우르는 경제·문화·환경 벨트를 구축하고, 누구도 소외받지 않는 지역 복지사회 건설을 위해 충심을 다하겠습니다.

존경하고 사랑하는 광주시민 광산구민 여러분!

상생과 희망을 주는 새로운 정치가 시작돼야 더 큰 광주와 광산을 만들 수 있습니다. 이제는 새로운 사람이 시민과 구민과 더불어 정치해야 더 좋은 광주와 광산을 만들 수 있습니다. 그래서 저는 2016년 한 해를 우리 지역의 변화와 희망 만들기 원년으로 삼고자 합니다. 이를 통해 2017년에 반드시 정권교체를 시키겠습니다. 임한필은 절대 흔들리지 않고 서민의 편에 서겠습니다. 임한필이 광주시민과 광산구민을 위한 고단한 머슴이 되겠습니다.

청년 김대중의 정신으로 무장된 준비된 정치신인, 임한필을 지켜봐주시고 성원해주시기 바랍니다. 감사합니다.

2015년 12월 14일

제20대 국회의원 선거 광주 광산갑 선거구

더불어민주당 예비후보자 임한필

2015. 12. 15. 기자회견 임한필

임한필

광주 광산갑
더불어민주당 예비 후보자

▶ 기본 사항 ◀

- 성명: 임한필(林漢弼 / LIM HAN PIL)
- 생년월일: 1971년 5월 27일
- 자택 주소: 광주광역시 광산구 맥동길 39-14(선동)
- 사무실 주소: 광주광역시 광산구 상무대로 287(소촌동, 눌재회관 501호)
- 연락처: M. 010-3631-0526, T. 062-946-0526~7
     F. 062-946-0528
- E-mail: hplim@hanmail.net

▶ 학력 ◀

- 고려대학교 일반대학원 정치외교학과(정치사상 전공) 박사 수료
  (2007년 3월~2009년 3월)
- 북한대학원대학교 북한학 전공(북한학 석사)(2003년 3월~2005년 8월)
- 조선대학교 정치외교학 및 법학 전공(정치 학사 / 법 학사)
  (1998년 3월~2003년 2월)
- 광주금호고등학교 졸업(1987년 3월~1990년 2월)
- 전남중학교 졸업(1984년 3월~1987년 2월)
- 광주농성초등학교 졸업(1983년 11월~1984년 2월)
- 본량동초등학교 입학 및 전학(1978년 3월~1983년 11월 전학)

▶ 강의 경력 ◀

- 경민대학교 태권도외교과 겸임 교수(2014년~현재)
- 한양대학교 사회교육원 학점은행제 무용과 강사(2006년~현재)
- 한국예술종합학교 예술교양학부 강사(2005년~현재)
- 경민대학교 태권도외교과 외래 교수(2012년~2013년)

▶ 활동 경력 ◀

- 2015 김대중 평화캠프 조직위원회 사무처장(2015년~현재)
- 사단법인 행동하는 양심 청년위원장 및 운영 위원(2010년~현재)
- 광산문화경제연구소 대표(2015년~현재)
- 아시아미래지식인포럼 사무총장(2012년~현재)
- 사단법인 24반무예경당협회 사무총장(2004년~현재)
- 무예문화사업단 武人 대표(2013년~현재)
- 사단법인 세계무예포럼 전무이사(2013년~현재)
- 한국전통무예총연맹 사무총장(2013년~현재)
- 사단법인 한반도평화포럼 정회원 / 한평아카데미 1기(2014년~현재)
- 한국안보문제연구소 연구원 / 킨사아카데미 10기(2013년~현재)
- 사단법인 코리아글로브 이사 및 집행위원(2008년~현재)
- 사단법인 24반무예협회 사범(공인 8단) (1992년~현재)
- 남산24반무예공연단 단장(2010년~2011년)
- 국민생활체육 서울시 전통무예연합회 이사(2005년~현재)
- 국민생활체육 동작구 24반무예연합회 부회장(2014년~현재)
- 무예도보통지연구소 소장(2002년~현재)
- 한국체육사상연구회 정회원(2007년~현재)

- 한국춤문화산업연합회 이사(2006년~2007년)
- 사단법인 여성평화외교포럼 정회원(2013년~현재)
- 한국정치연구회 정회원(2005년~현재)
- 서울평양학회 정회원(2011년~현재)
- 민주평화통일자문회의(대통령 자문 헌법 기구) 자문 위원(2003년~2007년)
- 민주통합시민행동 상임운영 위원(2009년~2011년)
- 북한학네트워크 창립 회원(2003년~2006년)
- 동북아정치연구회 회장(2001년~현재)
- 조선대학교 한반도평화연구회 초대 회장 및 회원(1998년~현재)
- 사단법인 한국민족예술인총연합 광주 지부 무예 분과장(1994년 ~1997년)
- 민족도장 경당 부운영 위원장 〈호남권 책임자〉(1993년~1997년)
- 민족도장 경당 사범(범사) (1992년~현재)
- 고인돌 자치회 회장(1988년~1990년, 역사 문화 유적 답사 모임)

▶ 수상 경력 ◀

- 2015 대한민국무예최고지도자 수상(사단법인 한국무술총연합회, 장소: 건국대 글로벌 캠퍼스)(2015.11.28)
- 제9회 전국무예대제전(2015년 11월 28일/ 장소: 건국대 글로벌 캠퍼스) '대상'(문화체육관광부장관상) 수상
- 2014 세계무예대상 수상(사단법인 세계무예포럼, 장소: 그랜드힐튼 호텔) (2014년 12월 27일)
- 제8회 전국무예대제전 '최우수지도자상'(충청북도지사상) 수상(주최: 사단법인 한국무술총연합회/ 장소: 충주실내체육관)(2014년 12월 22일)

- 2013 중국닝보국제무술교류대회, 전통 무기 부문 '1등상' 수상

  2013 Ningbo International Kungfu Festival(2013년 6월 9일 / 장소: Ningbo Youngor Gymnasium)

- 제4회 전국무예대제전 '지도자상' 수상(청주시장상) (2010년 11월 14일)

- 제2회 전국무예대제전(2008년 8월 29일 / 장소: 충주실내체육관)

  '대상'(문화체육관광부장관상) 및 '지도자상'(충청북도지사상) 수상

- 제1회 대한민국무술대제전(2007년 9월 22일 / 장소: 충주실내체육관)

  '우수상'(충청북도지사상), '지도자상'(MBC-ESPN상) 수상

▶ 방송 출연 ◀

- KBS 역사스페셜, '이것이 조선무예다: 무예도보통지' 프로그램 출연: 방송 인터뷰 및 24반무예 시범(2011년 09월 15일)

- 러시아 방송 "Television channel REN TV" 출연: 방송 인터뷰 및 24반무예 출연(2009년 11월 4일)

▶ 학술 세미나 발표 및 논문 ◀

- "마상 스포츠 & 엔터테인먼트 비즈니스" 국제 학술 세미나, 한국말산업 학회 / 서울대학교 주최, '마상 스포츠와 마상 무예의 실내외 공연화' 논문 발표(장소: 서울대학교 SK경영관) (2015년 11월 5일)

- 2014 대중문화 미디어 학술 세미나, "무예 콘텐츠 개발을 통한 대중문화 활성화 방안" 국회 대중문화 미디어 연구회 및 사단법인 세계 무예 포럼 공동 주최, '창조 경제를 통한 지방자치단체의 경제 활성화 방안: 무예 공연 콘텐츠 개발 사례를 중심으로' 논문 발표(장

소: 국회 회관 제1세미나실) (2014년 11월 14일)

- 제2회 아시아미래지식인포럼 국제 학술회의 "아시아의 新 실크로드를 개척하자: 문화 교류를 중심으로" 동북아역사재단 후원, 중국중앙민족대학, 연변대학, 아시아미래지식인포럼 주최 국제 학술 세미나, '동북아의 문화 교류 사례 연구: 무예를 중심으로' 논문 발표(장소: 중앙민족대학 민속박물관 2층 세미나실) (2014년 11월 28일)
- 2011 통일부 신진 학자 선정, "외국인 유학생들의 한반도 평화통일 의식 조사" 프로젝트 진행 및 논문 발표(장소: 남북회담사무국 세미나실) (2011.10)
- 2009 세계 정치 학회 국제 학술회의 "리더와 군중의 자율성에 관한 연구: 박정희 정권 시기 '새마을 운동'을 중심으로" 논문 발표(장소: 서울 코엑스 오라토리엄) (2009)
- 조선대학교 정치외교학부 특강 "정치학을 하는 즐거움"(장소: 조선대학교 사회과학대학 세미나실) (2009년 3월 17일)
- 북한대학원대학교 석사학위논문 「주체사상의 인간문제에 관한 연구」(2015. 08)
- 1998 대학생 통일 세미나, 민주평화통일자문회의 주최, "대학생들의 통일 의식 조사" 논문 발표(장소: 전남대학교)(1998)

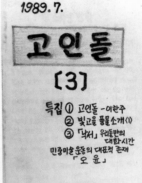

1989 고인돌 표지

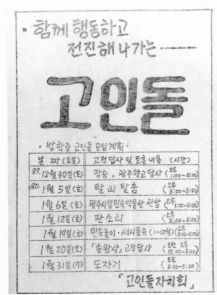

고인돌 모임 프로그램

청년학교 책자 표지

2003
베를린 자유대학에서
송두율 교수와 함께

2003
헝가리 부다페스트

2005 중국 백두산

2007 쿠바 여행

2008 윤여준의 정치카페

2010. 08. 22 하의도 가족캠프

2010 한일전통무예인교류회(고마신사)

2011 결혼식

2011 하의도

2011 통영한산대첩축제

2012 아산성웅이순신축제

2013. 12. 15.
중앙민족대학
아시아미래
지식인포럼

2014
기자회견

2014
세계무예대상

2014 일본

2014. 11. 30.
중앙민족대학

2014 시골집

2014 임한필 1인시위

2014
김대중평화캠프
5·18 민주묘지

2014
김대중평화캠프
추도식

2014
김대중평화캠프
퍼포먼스

2015 김대중대통령 묘소

2015 김대중평화캠프 준비

2015 세병관

2015 19사단

하루 5분 나를 바꾸는 긍정훈련

행복에너지

'긍정훈련' 당신의 삶을
행복으로 인도할
최고의, 최후의 '멘토'

'행복에너지
권선복 대표이사'가 전하는
행복과 긍정의 에너지,
그 삶의 이야기!

🌸 인터파크
자기계발 분야 주간
베스트 1위

권선복 지음 | 15,000원

권선복

도서출판 행복에너지 대표
지에스데이타(주) 대표이사
대통령직속 지역발전위원회
문화복지 전문위원
새마을문고 서울시 강서구 회장
전) 팔팔컴퓨터 전산학원장
전) 강서구의회(도시건설위원장)
아주대학교 공공정책대학원 졸업
충남 논산 출생

책 『하루 5분, 나를 바꾸는 긍정훈련 - 행복에너지』는 '긍정훈련' 과정을 통해 삶을 업그레이드 하고 행복을 찾아 나설 것을 독자에게 독려한다.

긍정훈련 과정은 [예행연습] [워밍업] [실전] [강화] [숨고르기] [마무리] 등 총 6단계로 나뉘어 각 단계별 사례를 바탕으로 독자 스스로가 느끼고 배운 것을 직접 실천할 수 있게 하는 데 그 목적을 두고 있다.

그동안 우리가 숱하게 '긍정하는 방법'에 대해 배워왔으면서도 정작 삶에 적용시키지 못했던 것은, 머리로만 이해하고 실천으로는 옮기지 않았기 때문이다. 이제 삶을 행복하고 아름 답게 가꿀 긍정과의 여정, 그 시작을 책과 함께해 보자.

『하루 5분, 나를 바꾸는 긍정훈련 - 행복에너지』

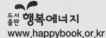

열정으로 이룬 꿈, 마흔도 늦지 않아

이철희 지음 | 값 15,000원

책 『열정으로 이룬 꿈, 마흔도 늦지 않아』는 마흔셋이라는 (업계에서는 많이 늦은) 나이에 정식 은행원의 꿈을 이룬 이철희 전 IBK기업은행 지점장의 인생역정, 성공 스토리, 자기계발 노하우를 담고 있다. 이미 KBS에서 방송된 강연 100도씨를 통해 자신의 이야기를 세상에 알렸지만, 거기에 다 담지 못했던 에피소드와 온기 가득한 삶의 여정이 감동적으로 펼쳐진다.

아빠와 딸

정광섭 지음 | 값 15,000원

어둠의 세계에 잠시 발을 들여놓았던 전력이 있는 저자가 참회의 길로 선택한 작가의 길. 그 길목에 놓여있는 소설 『아빠와 딸』. 정광섭 저자의 두 번째 소설로 현재의 혼돈과 불안의 시대에 한 줄기 위로와 사랑의 메시지를 전하는 아빠와 딸의 이야기를 담은, 독자의 마음을 흔들기에 부족함이 없는 소설이다.

내가 대통령이라면

정호선 지음 | 값 20,000원

『내가 대통령이라면』은 실의에 빠진 대한민국 청년들에게 꿈을 심어주고 넘쳐나는 행복에너지로 남북통일, 민족통일, 천하통일을 반드시 이룩하여 동방의 등불국가(Grand Korea Union)를 건국하고자 하는 저자의 열망이 담긴 책이다. 15대 국회의원을 지내고 현재는 (주)CAB국회방송 회장으로 재직 중인 정호선 박사의 오랜 연구와 열정이 빛을 발하는 작품이다.

맛있는 삶의 레시피

이경서 지음 | 값 15,000원

『맛있는 삶의 레시피』는 암담한 현실을 이겨내게 하는 용기와 행복한 미래를 성취하게 하는 지혜 독자에게 전한다. 책은 각각 '맛있는 삶, 좋은 인간관계, 자신만의 꿈'이라는 커다란 주제 아래 마흔다섯 가지 에피소드를 다루고 있다. '행복한 삶은 무엇인가?'라는 화두를 독자들에게 던지고, 생생한 경험을 바탕으로 한 행복론論을 온기 가득한 문장으로 풀어낸다.